KB133146

한국외국어대학교 국제지역연구센터 ❶
HK+국가전략사업단 지역인문학 총서

북방연구 시리즈: 우리에게 북방은 무엇인가

현대 한·중 관계의 이해

북방외교와 정책의 기초

강준영

현 한국외국어대학교 교수. 국제지역연구센터 HK+국가전략사업단장

한국외국어대학교 중국어과를 졸업하고 대만 국립정치대학 동아연구소에서 중국 정치경제학을 전공해 석·박사를 취득하였다. 현재 한국외국어대 국제지역연구센터장이며 한중사회과학학회 회장, 외교부 정책자문위원을 역임하였고 해군발전자문위원, 동북아역사재단 자문위원을 맡고 있다. 중국 및 국제관계 시사평론가로 활동중이며, 「한권으로 이해하는 중국」, 「중국의 정체성」, 「판도라의 상자 중국」 등 20여권의 저역서와 약 110편의 학술논문이 있다.

E-mail: jykang@hufs.ac.kr

현대 한·중 관계의 이해
북방외교와 정책의 기초

초판인쇄 2021년 12월 31일
초판발행 2021년 12월 31일

지은이 강준영
펴낸이 채종준
펴낸곳 한국학술정보㈜
주 소 경기도 파주시 회동길 230(문발동)
전 화 031) 908-3181(대표)
팩 스 031) 908-3189
홈페이지 http://ebook.kstudy.com
E-mail 출판사업부 publish@kstudy.com
출판신고 2003년 9월25일 제406-2003-000012호

ISBN 979-11-6801-312-4 94340
ISBN(세트) 979-11-6801-311-7 (전 10권)

한국외국어대학교 국제지역연구센터 ❶
HK+국가전략사업단 지역인문학 총서

북방연구 시리즈: 우리에게 북방은 무엇인가

현대 한·중 관계의 이해

북방외교와 정책의 기초

강준영 지음

이 책은 2020년 대한민국 교육부와 한국연구재단의 지원을 받아
수행된 연구임(NRF-2020S1A6A3A04064633)

북방연구 시리즈:
우리에게 북방은 무엇인가?

　본 북방연구 시리즈는 한국외국어대학교 국제지역연구센터 HK+국가전략사업단의 "초국적 협력과 소통의 모색: 통일 환경 조성을 위한 북방 문화 접점 확인과 문화 허브의 구축"이라는 아젠다의 2년차 연구 성과를 담고 있다. 총 10권의 책들로 구성되어 있는 시리즈는 아젠다 소주제의 하나인 '우리에게 북방은 무엇인가'라는 질문에 대한 연구진의 답변으로, 2021년 한 해 동안 일간 디지털타임스에 매주 '북방문화와 맥을 잇다'라는 주제로 연재됐던 칼럼들을 기초로 작성되었으며 아래 세 가지에 주안점을 두고 집필하였다.

　첫째, 간결하고 평이한 문체를 사용하고자 노력하였다. 사업단의 연구내용을 관련 분야에 종사하는 연구자 및 전문가는 물론 일반대중과 학생들도 쉽게 읽고 이해할 수 있기를 바란다.

둘째, '우리에게 북방은 무엇인가?'라는 질문에 답하는 과정에서 가능한 다양한 시각을 포괄하고자 노력하였다. 정치와 외교, 국가전략, 지리, 역사, 문화 등 다양한 입장에서 살펴본 북방의 의미를 독자 대중이 쉽게 이해할 수 있기를 바란다.

셋째, 통일이라는 목적성을 견지하면서 북방과의 초국적 협력 및 소통이 종국적으로 한반도와 통일 환경에 미칠 영향에 대해 다양한 시각으로 접근하였다.

통일은 남과 북의 합의는 물론 주변국과 국제사회의 협력이 필수적인 지극히 국제적인 문제다. 그리고 북방과의 관계 진전은 성공적인 통일 환경 조성에 필수적 요소다. 본 시리즈가 북방과의 초국적 협력을 통한 한반도 통일 환경 조성에 미약하나마 기여할 수 있기를 기대한다.

2021년 12월

집필진을 대표하여

HK+국가전략사업단장 강준영

목차

01

북방(北方)의 길목

- 한·중 관계의 복잡성

한국은 예로부터 북방외교(Diplomacy toward North, Nordpolitik)를 중시해왔다. 그러나 남북 분단의 현실은 한국이 북방으로 진출하는데 결정적인 장애 요소가 되었음은 주지의 사실이다. 이에 한국은 80년대 이후 국제 정세가 냉전 구도에서 벗어나 이념보다는 실리를 택하는 형세로 전개되자 한국 정부도 북한의 수교국과 외교관계를 맺어 북한을 정상적인 국가로 견인하겠다는 북방정책(北方政策)을 추진한다. 기본적으로 북방외교는 중국·소련·동유럽국가·기타 사회주의국가 및 북한을 대상으로 하는 외교정책으로, 중국·소련과의 관계 개선을 도모하여 한반도의 평화와 안정을 유지하고, 사회주의국가와의 경제협력을 통한 경제이익의 증진과 남북한 교류·협력관계의 발전을 추구하며, 궁극적으로는 사회주의국가와의 외교 정상화와 남북한 통일의 실현을 목적으로 한다. 한국 정부는 공산권과의 관계 개선을 모색하면서 정경분리와 호혜 평등, 동서 균형 및 민간

주도 원칙을 기초로 북방국가와의 관계 개선을 도모하였고 1989년 헝가리, 폴란드를 시작으로 1990년에는 구소련, 1992년 중국, 베트남 등과 외교관계를 맺는 성과를 올렸다.

한국 정부는 2017년 9월, 제 3회 동방경제포럼을 통해 평화를 기반으로 유라시아 국가와의 협력을 강화하는 대륙전략으로 나진-하산 물류사업, 철도, 전력망 등의 구축에 초점을 맞춘 남·북·러 3각 협력과 한-EAEU (유라시아 경제 연합) 간 FTA 추진, 중국 '일대일로' 구상 참여 등을 통해 동북아 주요국 간 다자협력을 제도화하고 나아가 한반도·유라시아 지역을 연계해 나가는 신북방정책을 추진하게 된다. 그러나 유라시아 14개 국가를 포괄하는 북방지역과의 교류는 중국, 북한이라는 우리와는 이질적인 제도를 갖고 있는 두 나라를 극복해야 하는 숙제를 안고 있다. 북한은 차치하더라도 세계적 강대국으로 성장한 중국과의 관계는 북·중 관계는 물론 한·중 관계와 최근 격화되는 미·중 갈등 등 복합 요소를 갖고 있으며 한국의 북방정책이나 북방외교에 상당한 영향을 미친다.

세계적 강대국으로 성장한 중국은 역사적으로 수천 년에 걸친 이웃 국가로서 한반도에 지대한 영향을 미쳐왔다. 과거 중국은 지리적 인접성과 더불어 언제나 강대국의 위치에서 한반도의 어떤 왕조나 정권보다 강력한 위치에서 양국 관계를 규정하였다. 또, 일제의 침략으로 나라를 잃은 한국의 독립투사들이 상해에 임시정부를 수립하고 당시 중국국민당 장개석(蔣介石) 정부의 지원하에 일제의 추격을 피하면서 명맥을 유지하던 역사도 있었다. 그 후 냉전시기가 도래하고 1950년 6.25 전쟁이 발발하자 중국은 미국을 저지하면서 조선(북한)을 원조한다는 항미원조(抗美援朝)를 내세우며 한국전에 불법 개입해 통일 한국의 출현을 눈앞에서 저지한 적성국으로 각인돼 있기도 하다. 1978년 말, 중국이 개혁·개방 정책의 추진을 선언하고 국제 경제체제에 적극적으로 편입을 시도하면서 중국은 실용적인 이웃 국가로 인식되기 시작했고, 1992년 8월 24일, 한·중 양국은 40년에 걸친 반목을 청산하고 역사적인 수교를 단행했다. 북한이라는 이질적 요소를 안고 있었지만 한·중 관계는 '세계 외교의 기적'으로 불리면서 시진핑 중국 국가주석의 언급대로 '유사 이래 최고의 관계'를 구가했었다.

그러나 한국은 중국과 북한의 특수(特殊)한 관계를 제어할 방법이 없었기 때문에 양국 관계는 전체적으로 우호적이나 영역별로 불균형적인 관계를 추구할 수밖에 없었음도 사실이다. 경제가 우선이고 민감한 정치·안보 이슈는 이견(異見)으로 남겨 둔 양국 관계는 결국 북한 요인으로 인한 사드(THAAD/고고도 미사일 방어체제) 배치를 둘러싼 최악의 갈등을 맞이하였고, 중국이 단행한 다양한 형태의 보복은 여전히 지속되고 있으며 양국은 사드의 후유증을 극복하지 못하고 있다. 특히 중국의 '비이성적 보복'은 한국 국민의 반중(反中) 정서를 자극했고, 역사·문화적 유대마저 흔들리게 하는 내상(內傷)을 입혔다.

여기에 정치·외교적 문제가 전방위적으로 확산되면서 민간이나 비정치분야까지 영향을 미쳐 갈등이 확대 재생산되고 있다. 6.25 한국전쟁이 항미원조(抗美援朝) 전쟁이라는 왜곡된 주장이 계속되고 있고 김치·한복 등에 대한 문화 침탈 논쟁까지 촉발되면서 징고이즘(jingoism) 색채까지 보여 한국의 부정적 대중 인식이 고착되고 있다. 또한 요소수 사태에서도 나타났듯이 경제력의 외교 무기화 가능성도 분명하게 대두되었다. 중국이 2060년 탄소 중립을 선언하고 화석 연료의 발전을 제어하면서 생긴 급격한 석탄 수급 불균형은 전력난으로 이어졌고 석탄 제련과정에서 생산되는 요소의 부족이 느닷없이 한국 요소수 시장을 강타해 공전의 위기를 겪는 일이 발생했기 때문이다.

게다가 사실상의 '핵보유국' 북한의 대두는 새로운 한·중 관계의 설정을 요구하고 있다. '핵 무력 완성'을 선언한 북한 김정은 정권은 현 정부의 한반도 평화 프로세스 진행에 표면적인 관심을 표명하면서 남북 관계 개선에 호응해 북·미 대화도 진행하면서 중국과의 관계도 복원했다. 그러나 북미 협상이 결렬로 북핵 협상은 기약 없는 휴지기 상태로 들어갔고, 북한은 한국 정부의 선의를 무시한 채 우리를 철저히 무시하고 있다. 미국 트럼프 대통령의 일방주의와 동맹 경시, 북미 대화 결렬에 실망한 현 정부는 바이든 행정부의 대북 정책에 희망을 가졌지만 2021년 4월 바이든 행정부의 대북 정책이 기존의 '선 비핵화'를 조건으로 하는 전통적 대북관을 고수하자 북한의 최대 조력자인 중국의 역할에 기대와 희망을 배가시켰음도 사실이다.

또한 한반도 남북한에 가장 큰 영향력을 미치는 미·중 갈등은 이제 상수(常數)가 되었다. 미국의 바이든 행정부는 트럼프 대통령의 대중 정책을 계승하면서 '자유주의적 국제주의(liberal internationalism)와 사회주의 전제국가 중국'이라는 국제 구도를 구축해 '민주 대 권위주의'라는 가치 경쟁으로 대중 압박을 형상화했다. 중국은 아직 미국을 일대일로 상대하기 벅차다는 사실을 알지만 물러서지 않고 장기전 태세에 들어갔다. 바이든 대통령이 추구하는 '민주 동맹'에 대응해 중국도 우군 확보에 열중이며 시진핑 중심의 권력 집중도 추진하는 중이다.

이러한 상황들은 한국을 곤혹스럽게 만들고 있다. 좁은 국토와 빈약한 부존 자원, 남북한 분단의 현실을 극복하고 21세기 인류 문화 아이콘의 하나로 성장한 한류(韓流)의 종주국, 세계 10위의 경제 강국으로 성장한 한국이 더욱 세계적 국가로 웅비하려면 북방지역과의 교류 등을 통한 외연 확대는 필수적이다. 이러한 정책 추진의 전 단계로 거대 북방 교류의 시작점인 한중 관계에 대한 분석적 이해는 매우 중요하다. 상대적으로 역사적 문화적 연구가 풍부한 전통 시기도 중요하지만 현대 한·중 관계를 분석적으로 접근해보는 것도 의미 있는 작업이다. 우리가 맞닥뜨린 중국은 제도와 가치 등이 상이 한 '사회주의 중국'이기 때문이다. 이의 연장선상에서 현대 한중 관계의 전개 과정을 반추해보고, 미래지향적 상호관계를 위해 인식의 차이를 극복하기 위한 문제를 살펴보고자 한다.

현대 한·중 관계 발전의
추이와 특징

전통적 한·중 관계의 특징

전통적 한·중 관계에는 유가(儒家) 문화권을 기반으로 상호차이보다 공통점이 많고 상호 이해도도 높다는 일종의 선입관이 형성되어 있다. 흔히 한중 양국을 지역적으로는 동아시아문화권, 문화적으로는 유교문화권이나 한자문화권이라 칭하며 하나의 문화공동체로 간주하는 경향도 이러한 인식의 산물로 볼 수 있다. 그러나 엄격히 말해 중국의 영향, 특히 조선의 사대주의나 모화(慕華)사상은 유학의 가르침 및 국가 운영이나 제도에 관한 것이 주종이었고, 일반 백성들은 중국의 실상을 제대로 이해할 수 없었다. 이는 중국 명(明)대 이후 강화된 쇄국 정책으로 양국 지식인과 백성들의 상호관심이나 인식, 접촉의 기회가 절대 부족했기 때문이다.

전통적 한·중 관계의 변화는 청(淸)조와 조선왕조의 몰락과 궤를 같이한다. 기존 중국 중심의 동아시아 국제질서는 1840년 서방 제국주의 세력의 중국 침탈

시발점이 된 아편전쟁을 계기로 새로운 국제적 역학 구조가 형성되면서 종식되었다. 특히 열강들은 청의 주변국에 대한 전통 관계를 단절시키고자 하였고, 청조는 정치·외교·군사·경제 분야까지 간섭하는 실질적 반식민지(半植民地)정책인 속방(屬邦) 체제로 조선의 국정에 개입하고자 하였다. 일본은 이러한 중국의 대 조선 정책을 저지하기 위해 1884년 '3일 천하'로 끝난 갑신정변(甲申政變)을 지원하면서 조선에 청과의 전통 관계 청산을 압박하였다. 일본은 조선 침략의 야욕을 숨기지 않았고 이는 청의 조선에 대한 직접 군사개입을 초래했다. 조선에 대한 종주국 지위를 유지하고자 했던 중국과 한반도를 대륙 진출의 교두보로 삼고자 했던 일본의 세력 경쟁은 결국 청일(淸日)전쟁으로 비화되었다. 전쟁에서 패한 청의 대 조선 영향력이 감소하자 조선은 1897년 대한제국의 성립을 선언하고 '세계가 공인하는 자주독립 국가'를 선언했지만 1910년 8월 29일, 일제 식민지로 전락하게 되었다. 중국도 1911년 신해(辛亥)혁명으로 청조가 막을 내리면서 아시아 최초의 공화정 국가인 중화민국(中華民國)이 탄생하였다.

그동안 한·중 양국 관계를 규정했던 소위 전통 관계는 결국 조선이 일제에 의해 멸망하고, 중국이 제국주의 열강과 내부적 혁명 세력에 의해 왕조 체제가 붕괴되면서 현대적 국제관계로 상호관계가 조정되는 변화를 맞게 된다. 더욱이 한국은 1905년 을사늑약(乙巳勒約)으로 일제의 식민지로 전락했기 때문에 모든 사항이 일본 외교의 범주에서 처리되었고, 중국 역시 지독한 혼란기를 지속했기 때문에 현대적 의미의 국가 대 국가의 국제관계는 사실 2차 대전 이후 냉전기에 이르러서야 가능할 수밖에 없었다.

그러나 나라를 잃은 한국과 중화민국 체제의 중국은 대한민국 임시정부와 항일 공동전선을 매개로 새로운 한중 관계를 전개한다. 당시 중화민국 정부는 1919년 3.1운동이 발발하자 일제에 쫓기던 한국의 독립투사들이 4월 13일 상해에 대한민국 임시정부를 수립하는데 기여를 했다. 상해 임시정부 수립은 중국인들에게 항일(抗日)사상을 고취시켰고, 쑨원(孫文)의 호법(護法)정부는 임시정부 승인을 약속하기도 하였다. 1928년 국민당을 장악한 중화민국 장개석(蔣介石) 정부는 재중 항일 독립운동세력과 항일 협력 관계 구축을 도모하게 되었다. 특히 1932년 일본이 만주국(滿洲國)을 세워 중국 침략을 본격화하자 임시정부 지원을 강화하는 등 무려 27년간 임시정부 요인들의 생활비는 물론 황포군

관학교(黃浦軍官學校)에서 군사훈련까지 지원했음은 주지의 사실이다. 물론 장제스 정부는 사회주의 계열 세력이 주장한 조선혁명군을 설립은 인정하지 않고 김구 선생이 주도한 한국광복군 수립을 지원하는 이중전략으로 공산당과의 세력 경쟁을 도모하면서 끝내 임시정부를 정식 승인하지는 않았지만, 오늘날 대한민국의 법통을 잇는 대한민국 임시정부와 중화민국 간의 관계를 부정할 수는 없다. 이 중화민국 국민당 정부는 결국 마오저뚱(毛澤東) 공산당과의 투쟁에서 패해 대만으로 패퇴했고, 따라서 한국은 1992년 중화인민공화국과 수교 전까지 자유중국, 즉 대만의 중화민국과 양자관계를 설정하였다. 물론 1921년 창당된 중국공산당도 한국독립운동 인사들이 동북 지역에서 항일 운동을 전개하던 시기에 좌익 항일운동 계열인 김원봉(金原奉)과 협력했고, 중경(重慶)임시정부(1940-45)시절에도 일부 교류를 했음도 분명한 사실이다. 공산당은 혁명기지 구축과 자기 세력 확장이 우선이었음으로 일부 동북지역의 한국 항일운동 세력들과는 연대를 했지만 대한민국 임시정부와의 협력은 제한적이었음에도 중국은 지금도 '물을 마실 때는 물의 근원지를 생각해야 한다는 음수사원(飲水思源)'을 언급하면서 '중국'의 역할을 계속 강조하고 있으니 아이러니가 아닐 수 없다.

　결국 일본의 패망으로 동아시아 정세는 재편되었다.
미군과 소련군이 한반도 남북을 분할 통치하면서 중국
의 영향력은 크게 감소하였다. 중국은 국민당과 공산
당의 내전에 휩싸였고, 남북은 통일 정부 수립에 실패
하고 한국은 1948년 8월 15일, 북한은 9월 9일 각각
정부를 수립했다. 남북한 문제를 미국과 소련이 주도
하는 상황에서 국민당의 중화민국은 공산당과의 내전
에서 패하여 대만으로 패퇴했고, 중국에는 중화인민공
화국이 수립되었다.

<표1> 한·중 근현대의 변화와 영향

한국-중국 현대사		의의와 영향
1840 아편전쟁	중국	중국중심의 동아시아 국제질서 붕괴
1905 을사늑약(乙巳勒約)	한국	1910년 일본, 조선 倂呑
1911 신해(辛亥)혁명	중국	淸朝 붕괴, 중화민국 건국
1917 러시아 볼셰비키 혁명	중국	李大釗교수 마르크스주의연구회 결성
1919 3.1 독립만세운동	한국	1919년 4월 상해임시정부 수립
1919 5.4 운동	중국	1921년 중국공산당 창당
1945 2차 대전 종결, 일본 패망	한/중	냉전 질서 구축, 동아시아 질서 재편
1948. 8.15 대한민국정부 수립	한국	1948.9.9. 조선인민주의공화국 정부 수립
1949 중화인민공화국 건국	중국	사회주의 중국 VS 대한민국

냉전기 한·중 관계의 추이와 특징

1945년 8월 15일 2차 대전의 종전으로 세계는 미국과 소련으로 대표되는 양극 냉전 체제로 재편된다. 2차 대전 종전으로 중국에서도 8년에 걸친 항일 전쟁이 끝났다. 이때부터 중국은 4년에 걸친 국민당과 공산당 간의 내전에 돌입하며 결국 마오저뚱(毛澤東)이 이끄는 공산당의 승리로 1949년 10월 1일 중화인민공화국이 수립되며, 패배한 국민당의 장제스(蔣介石)는 대만으로 패퇴해 중화민국을 유지한다. 한국은 중국 본토에 새로 수립된 중국을 공산 중국이라는 의미로 중공(中共)이라 칭했고, 대만의 중화민국은 자유중국(自由中國)으로 불렸다. 이때부터 한국은 중화인민공화국과 중화민국이라는 두 개의 중국을 맞닥뜨리게 됐다.

일본은 항복했지만 중국에서 활동하던 임시정부나 광복군은 일본의 직접적 항복을 받을 수 있는 처지가 되지 못했고, 한반도는 국제연합(UN)의 결정에 따라 미국과 소련이 남북을 분할하는 신탁통치 상태가 되었다. 국민당의 지원을 받던 임시정부 요인들은 미국의 요청에 따라 개인적 신분으로 귀국했고, 러시아 극동역에서 활동하던 공산주의 계열의 일부 인사들은 소련의 지원 하에 북한 지역이나 만주지역으로 귀국했다.

특히 북한에 이미 공산주의 세력을 구축한 김일성은 중국공산당의 내전을 지원했고, 1949년 중국공산당이 내전에서 승리하자 한인 공산주의 독립 운동가들은 대부분 북한으로 귀국했다. 중국의 6.25 참전 이전에 이미 내전에서 공산군을 지원한 혈맹(血盟) 관계가 중국과 북한 간에 형성된 것이다.

한편, 통일정부 모색에 실패한 한반도는 38선을 경계로 남북으로 분열되었다. 남쪽에는 1948년 8월 15일 미국의 지원을 받는 대한민국이, 9월 9일, 북쪽에는 소련의 후원을 받는 조선인민민주주의공화국이 수립됐다. 국제적 냉전 체제가 한반도에 그대로 투영돼 남북한 분단체제가 정착되면서 국가와 민족이 분열되는 시련을 맞게 된 것이다. 중화민국 중심의 중국 질서는 급격히 힘을 잃었고, 국제질서는 미국과 소련 중심의 냉전 체제로 재편되었다. 한반도를 둘러싼 한중 관계 질서도 한국과 대만의 중화민국, 북한과 중국 대륙의 중화인민공화국으로 고착되고, 미국의 지원을 받는 대한민국 정부와 소련의 지원을 받는 북한이라는 명시적 냉전구조가 형성되면서 이념적, 군사적 대치로 이어지게 된다.

이러한 냉전적 구조의 확대 재생산이 1950년 발발한 6.25 한국 전쟁이다. 이 전쟁은 UN군과 중공군이 개입하는 국제전으로 확대되었고 현재까지도 중국과 북한 관계를 설명하는 순망치한 관계를 고착시켰다. 중화인 민공화국 수립 1년도 되지 않아 발발한 한국전쟁은 갓 태어난 중국 정권에게는 커다란 위협이었다. 마오저뚱 은 국공(國共)내전 시기에 국민당 정부를 지원한 미국 이 결국 공산당 정권을 계속 위협할 것이라는 '외부위 협 우선론'의 관점에서 참전을 결정하게 된다. 마오저 뚱에게 당시 신생 중국을 위협하는 최대의 적은 미국 이 아시아에서 공산주의의 확산을 막으려는 미국의 팽 창주의가 결국 군사적 개입으로 이어질 것이라는 우려 였다. 산적한 국내 문제가 있음에도 한국 전쟁을 미국 의 대리전쟁으로 규정하고 국가를 지키기 위해(保家衛 國) 북한에 중국인민지원군(志願軍)을 파견한다. 중국인 민해방군 펑더화이(彭德懷) 원수를 사령관으로 하는 중 국군의 명칭은 중국인민지원군(支援軍)이었으나 나중에 지원군(志願軍)으로 바꿨는데 요즘 문제의 소지가 있는 종전선언 당사국으로서의 지위 확보를 염두에 두고 명 칭 수정을 했는지는 모르지만 군사 문제에 관한 주도 면밀함이 엿보인다.

그러나 중공군의 참전은 엄연한 불법 개입이다. 특 히 중국은 압록강 변에 중공군을 투입한 10월 18일 이

전까지의 한국전쟁은 내전이고, 중공군과 미군의 첫 번째 전투인 함경남도 장진호(長津湖) 전투부터 항미원조 전쟁이라는 시각을 고수한다. 시진핑 중국 국가주석은 2020년 10월 23일, 중국의 6·25 참전 70주년 기념 연설에서 중국 인민지원군이 평화 수호, 침략 반대의 기치를 들고 압록강을 건넜다며 불법 개입을 정당화했다. 북한과 손잡고 제국주의에 맞선 위대한 승리를 거둬 아시아와 세계 평화를 지켰다면서 북한의 남침 지원도 정당화했다. 중국이 출병한 것은 미국의 침략에 맞선 정의로운 국가보위 전쟁으로 6.25와는 별개라는 것이다. 중국은 당시 미 제국주의가 한반도에서 무력을 행사하면서 만주지역 공격을 계획하고 대만해협(臺灣海峽)에 항공모함을 파견하는 등 중국의 국가안보를 직접적으로 위협해 부득이하게 참전했다고 주장한다. 미국과의 전쟁을 불사한 댓가로 향후 약 20년간 대미 관계가 악화되는 외교적 손실과 약 30만 명의 인명피해를 입었지만, 정전협정의 조인국이 되었고, 국제사회에서 미·소 냉전 시대에 또 다른 대국으로 인정받으면서 한반도 문제의 당사자가 되었다.

한국의 입장에서 보면 남북 분단의 책임이 모두 중국에 있는 것은 아니지만 결과적으로 중국은 분명히 북한에 '지원(支援)'군을 파견했고 정전협정 조인의 당사국이 됨으로써 남북 분단을 고착화시켰음도 사실이다. 이는 적어도 수교 이전까지 한·중 관계를 규정하는 큰 인식의 틀이었고, 한국과 대만에 있는 중화민국의 반공(反共) 연대와 북한과 중화인민공화국 간의 사회주의 혈맹 연대는 이원적 한·중 관계를 설정하게 하였다. 그러나 70년대 이후 국제 사회에 데탕트(Detente), 즉 화해의 시대가 전개되면서 경색된 국제관계는 해빙 무드를 맞았다. 핑퐁 외교를 통한 미·중 관계의 개선 분위기가 조성되고, 서독의 동방정책과 한국의 6.23 선언 같은 남북 관계 개선 움직임도 시작됐다. 1971년 유엔 안전보장이사회 상임이사국으로 국제 사회에 복귀한 중국은 73년 일본과 수교하였고, 1978년 말부터 개혁·개방 정책 추진을 선언한다. 더불어 1979년 1월 1일, 미국과 수교하면서 사실상의 국제 사회 편입을 천명하고 경제발전을 위한 안정적 주변 환경을 강조하는 외교 노선을 설정하였다.

이때 소련 고르바쵸프의 개혁 정책인 페레스트로이카(perestroika)정책 추진으로 동유럽 사회주의 진영이 와해되면서 2차 대전 이후 고착된 냉전 질서가 본격적으로 해체되기 시작한다. 이렇게 80년대 이후 국제 정세가 냉전 구도에서 벗어나 이념보다는 실리를 택하는 형세로 전개되자 한국 정부도 북한의 수교국과 외교관계를 맺어 북한을 정상적인 국가로 견인하겠다는 북방정책(北方政策)을 추진한다. 한·중 양국도 한국이 개최하는 86 아시안게임이나 88올림픽 참가 문제 등으로 조우하는 경우가 빈번해졌고, 민항기 사건 같은 양자적 돌발 문제를 직접 만나서 처리하는 경우도 생기기 시작했다. 게다가 당시 중국 지도자들이 한국의 경제발전을 높이 평가하는 호의적 언급이 이어지면서 양국은 40여 년에 걸친 반목 관계를 청산할 시기를 맞고 있었다.

현대 한·중 관계의 첫 번째 전환 - 적대에서 국교정상화로

냉전 시대의 종식은 양대 진영론에 근거한 공동의 적에 대한 공동투쟁의 소멸을 의미하며, 외교 목표도 군사·안보 위주에서 경제교류와 상호의존 확대를 통한 공동번영 추구로 바뀐다. 때마침 국제질서도 변화하기 시작했다. 유엔 안보리 상임이사국으로 국제무대에 화려하게 복귀한 중국도 1979년 미·중 국교 정상화를 계기로 기존 미·소 패권주의라는 집착의 고리에서 벗어나면서 보다 넓은 외교적 공간을 확보할 수 있게 되었다. 1980년대 말 소련 동구권 사회주의 진영의 몰락과 동서 냉전체제의 붕괴는 자유주의의 확산과 함께 경제 글로벌화를 촉진하였음도 주지의 사실이다.

물론 1989년 발생한 천안문 사태가 국제사회의 대 중국 제제로 이어지자 중국 지도부는 서방세계의 중국에 대한 화평연변(和平演變/평화적 정권교체)시도로 인식하기도 했지만 여전히 세계적 국가로 성장하기 위한 경제발전이 필요했다. 특히 천안문 사태로 인해 대만의 국제 활동이 활발해지자 중국으로서는 이를 억제할 필요가 있었다. 한국 역시 국제정세의 변화에 능동적으로 대처하기 위해 중국과의 관계개선에 적극적인 생각을 갖게 되었다. 중국은 개혁·개방추진을 위한 전략적 조정이 필요 했다. 이미 70년대 초반부터 중국과의 관계 개선에 관심이 있었지만 중국은 여전히 미국의 교두보로서의 한국 역할에 대한 의심과 북한을 의식해 적극적으로 대응하지 않았다. 한국의 기대는 기본적으로 중국의 대북 영향력을 통한 북한의 위협 해소와 거대 시장 중국이라는 경제적 수요에 집중해있었다.

한국 정부는 북한을 국제 사회의 정상적 일원으로 기능하게 하고 장기적으로 평화적 통일 환경을 조성하기 위해 '북방 정책(北方政策)'을 추진하면서 1990년 소련과 수교를 하였고, 1991년에는 남북한이 유엔에 동시 가입 하였다. 이는 중국에게 북한을 설득하여 한국과의 국교 정상화를 추진하는 명분을 줄 수 있었다. 즉 중국에게 있어 한반도 문제는 공산주의와 자본주의의 대결 같은 이념적 갈등을 벗어나 초강대국 간의 대립 때보다는 보다 실리적 차원에서 남북한에 대한 운신의 폭을 넓게 만들어줄 수 있기 때문이다.

이러한 상호 인식에 따라 한·중 양국의 비공식적 접촉도 빈번해졌다. 양국은 이미 수교 이전인 1980년대 초부터 홍콩을 통한 간접무역을 시작하였고, 한·중 관계 개선의 필요성을 느낀 중국은 국제스포츠 행사나 국제회의 참석 등을 단계적으로 확대하는 조치를 취하였다. 이에 따라 양국 간에는 한국이 개최하는 86 아시안게임이나 88올림픽 참가 문제 등으로 의견을 조율하는 경우가 생겼다. 1983년의 중국민항기 춘천 불시착 사건이나 1985년 발생한 어뢰정 사건 같은 양자적 돌발 문제를 직접 만나서 처리하기도 하였다. 중국 지도부는 일련의 사건들에 대한 한국의 처리 태도를 호의적으로 평가했고, 홍콩 한국 총영사관과 신화사 홍콩분사와의 연락 채널을 가동하는 등 관계 개선의 움직임도 활발해졌다. 특히 1990년 북경 아시안게임 참가 등을 통한 스포츠 분야에서의 교류와 협력이 강화되고, 1991년에는 한국의 중재 노력에 의해 중국·홍콩·대만이 아시아태평양경제협력체(APEC) 가입하게 되자 상호신뢰가 크게 증대되어 한·중 관계의 정상화가 가까워졌음을 말해주었다.

이런 상황에서 중국은 한국과의 단계적 관계 정상화를 희망하였고, 1991년 양국은 서울과 북경에 각각 민간형식의 무역대표부를 설치하여 40여 년에 걸친 반목관계를 청산할 시기를 맞았다. 10여 년에 걸친 비공식적 교류를 거치면서 시기가 성숙했다고 판단한 중국은 한국과의 단계적인 수교를 추진했다. 양국은 1991년 9월 뉴욕 유엔 안보리 회의실에서 최초로 비공식 외교장관 회의를 개최하였으며, 이후 당시 중국의 치엔치천(錢其琛) 외교부장은 1992년 4월 북경에서 개최된 ESCAP 총회에서 한국의 이상옥 외무장관에게 정부 간 공식적인 수교 교섭 개시를 제안하기에 이르게 된다. 과거 10여 년 이상의 교류를 거쳐 공식적인 정상화 단계로 진입한 것이다.

협상은 항상 상대방이 있으므로 타결에 이르기까지 일정한 곡절을 겪을 수밖에 없다. 때문에 핵심적인 문제가 일부 봉합된 채 협상이 타결되기도 하고, 이 부분이 후대에 영향을 미치는 경우도 종종 있다. 일단 양국 간 수교 협상은 예비회담 3회, 본회담 1회 개최로 비교적 빠르게 마무리가 되었다. 정치적 결정보다는 실무적 예비회담을 통해 상호 이견을 충분히 조율하고 수교하자는 단계적 협상을 진행했고, 드디어 1992년 8월 24일 북경에서 양국 외교 장관이 수교 문서에 서명함으로써 국교 정상화에 합의했다. 단계적 예비회담을 거친 것은 양국 간에 이질적 요소가 많아 구체적으로 논의해야 할 사항이 많았음을 반증하는 것이기도 하다.

이미 70년대 초부터 중국과의 관계 개선을 희망했던 한국은 몇 가지 협상 목표를 가지고 있었다. 북한의 무력도발을 억제하고 한반도의 평화와 안정을 유지에 있어서 중국의 역할을 촉구하면서 한반도의 평화적 통일에 대한 중국의 지지를 확보하는 것이 최우선이었다. 당연히 중국의 북한에 대한 맹목적인 지지와 편향외교 수정도 목표중의 하나였다. 또 중국군의 한국전 참전에 대한 유감 표명을 받아내고, 중국을 유일 합법정부로 승인하면서 대만과 단교해야 하는 상황에서 대만과 최상의 민간교류를 유지하겠다는 원칙도 관철해야 했다. 또 '하나의 중국' 원칙과 관련된 문제 이외에는 수교와 관련 어떠한 전제조건도 수락할 수 없다는 방침도 정했다.

중국이 수교 협상에서 가장 강조하는 것은 '하나의 중국' 원칙에 대한 인정이다. 중국은 이를 국가안보와 영토 주권 수호라는 핵심 이익(core interest)과 연계하고 있다. 일단 중국은 중간 기술력을 보유한 매력적인 제조업 국가인 한국과의 경제협력이 자신들이 추진하는 경제발전에 긍정적인 기여를 할 것으로 판단했다. 또 대만의 국제 활동공간을 제약하는데 대만의 최대 우방인 한국과의 수교가 결정적 타격을 줄 수 있을 것으로 생각했다. 주지하다시피 중국과 수교하는 국가들은 중국과의 수교와 동시에 대만과의 단교를 해야 했다. 실제로 수교 협상에서 중국 측은 집요하게 대만 문제에 집중했고, 대만이 명동 중화민국 대사관 부지를 매각할 수 없게 막아달라는 요구를 했다고 한다. 결국 중화민국 대사관 부지는 중국이 승계하였다.

협상은 중국 측이 한국의 요구에 따라 한반도의 평화적 통일과 비핵화를 지지한다는 입장을 표명하고, 한국은 당초 중국이 유일합법 정부라는 '입장에 동의'한다는 주장을 했으나 결국 중국의 요구를 수용해 유일합법정부로 '승인(recognize)'함으로서 결론에 도달했다. 물론 6.25 참전에 대한 유감 표명 요구에 대해 중국 측은 중국의 6.25 참전이 중국 국경지대에 대한 위협에 대처하기 위한 것이었다고 설명하고 양국 관계 정상화와 무관하다는 입장을 표명하면서 수교 성명에서는 빠지게 된다. 결국 한·중 양국은 1992년 8월 24일, '북한'이라는 이질적 요소의 존재에도 불구하고 역사적인 수교를 단행했다.

한국 정부는 중국과의 수교가 통일 한반도의 초석이 되기를 희망했고, 중국의 역할을 통해 북한의 위협을 해소하려 했다. 중국은 한국과의 수교가 장기적으로 한-미-일 안보 구조 약화의 추동 요인으로 작용할 것을 기대했다. 경제적 필요도 있었지만 장기적 차원에서는 남북한 동시 수교국으로서 한반도에 대한 영향력 발휘에도 한국과의 수교는 매력적 카드였다. 또한 대만의 가장 비중 있는 수교국이었던 한국과 국교를 수립해 대만을 국제사회에서 고립시켜 외교적 공간을 제약하는 성과도 거두었다.

그러나 수교 과정에서 몇 가지 체크 해야 할 점도 있다. 우선 너무 빠르게, 그것도 노태우 정부 말기에 지나치게 서둘러 한국의 국가이익이나 협상 목표를 제대로 관철시키지 못했다는 지적도 있다. 당시 중국의 필요도 있었던 만큼 끌려가는 협상을 할 필요가 없었다는 주장도 되새겨 볼 만하다. 또한 중국의 북한에 대한 편향성을 확실히 제어하지 못함으로써 결과적으로 북한 핵 개발 지속의 환경을 제공했다는 비판도 있다. 이는 중국이 수교 협상에서 한·중 양자 관계보다는 기존의 '대국 외교'적 국제 전략 차원에서 한반도 문제를 주변국 문제로 보는 태도를 견지했기 때문이다. 특히 단교한 대만을 제대로 배려하지 못했다는 비판도 여전히 남아있다. 향후 중국과의 협상에서 타산지석으로 삼아야 할 대목이다.

이렇게 회복된 한·중 관계는 전통적인 한·중 관계, 한·중 유대의 복원이라기보다는 새로운 국제 환경에서 완전히 새로운 관계를 건설하는 것에 가깝다고 보는 것이 옳다. 그러나 중국은 여전히 한반도에 대한 전통적 영향력의 복원에 더욱 방점을 찍고 있는 것으로 보인다. 당연히 한국의 입장에서는 전통적 관계보다는 국제정세의 변화에 따른 양자 관계 혹은 다자관계를 우선 고려할 수밖에 없다. 때문에 향후 한·중 관계 역시 양자적 영향력을 내세우는 중국과 다자적 복합요인을 강조하는 한국의 줄다리기는 계속될 수밖에 없다.

한・중 관계의 위기 - 사드(THAAD)의 습격

이렇게 시작된 양국의 현대적 관계는 1992년 수교 당시의 '우호 관계' 단계를 거쳐 1998년 '협력 동반자 관계'로, 2003년에는 '전면적 협력 동반자 관계'로 격상되었다. 2008년에는 전략적 협력 동반자관계로 발전했고, 2013년에는 '성숙한' 전략적 협력동반자 관계 설정에, 2017년에는 '실질적' 전략적 협력동반자 관계에 합의했다. 중국은 비공식적이기는 하지만 대외 관계를 혈맹관계, 전통 우호 관계, 동반자관계, 선린 우호 관계, 우호 관계로 구분한다. 역사적인 맥락을 갖는 혈맹이나 전통적 우호관계 외에 최고 단계는 동반자관계이며, 최상위 개념에는 '전략적'이라는 수식어가 붙는다. 비록 중국의 대외 관계에서 '전략적' 관계의 개념이 모호해지고 내용이 형식적 수사를 초월하는 경우도 있지만 일단 혈맹이나 전통적 우호 협력관계를 제외하고는 최상위급 단계가 구축된 것은 사실이다.

양국 관계는 적어도 한국의 사드 배치로 인한 갈등이 폭발하기 전까지 표면적으로 세계외교의 기적으로 불릴 만큼 비약적 성과를 거둔 것도 사실이다. 그러나 수교 당시의 목표를 놓고 보면 한・중 관계는 기존의 구조적 벽, 즉 한미 동맹관계와 한중 협력관계의 차이, 그리고 중국과 북한의 특수 관계의 벽을 넘지 못하고 반쪽짜리 성적표를 남겼다. 물론 경제 교류의 성과는 분명히 괄목할만하다. 중국은 한국의 최대 교역국이 되었으며, 한국 역시 중국의 4대 무역국으로 발전했다. 경제 교류가 인도한 한중 관계는 정치·외교 및 사회·문화, 군사·안보 등 전 영역으로 확대되었다. 한국에서의 중국 붐(漢潮)과 한류의 영향으로 양국 간 사회·문화영역의 접촉과 교류도 크게 증가했고, 경제·통상, 에너지, 환경, 물류·항공, 과학·통신 이외에도 문화·관광·학술·인사 교류 등 거의 전 이슈·영역이 크게 성장했음도 부인할 수 없다.

그러나 이러한 경제·사회분야 교류와는 달리 정치·외교 분야나 군사·안보 분야는 상대적으로 발전이 더디다. 경제 분야나 사회문화 등 교류 등에서는 성과를 거두었지만, 수교 목표 중의 하나였던 한반도의 평화와 안정 유지라는 목표는 북핵 문제로 인해 더욱 복잡해졌기 때문이다. 경제·교역 분야가 '최대주의'에 의해 유지되고 있다면 군사·안보 분야는 '최소주의'에 가까운 상황이다. 특히 북한 요인에 의도적으로 둔감했던 양국은 수교 이후 정치·외교·안보·군사적 측면에서는 위기관리나 적절한 해결 메커니즘을 수립하

현대 한·중 관계의 이해: 북방외교와 정책의 기초

지 못했기 때문에 사드(THAAD)배치라는 고차방정식을 앞에 두고 수교 이후 최대 위기를 맞았다.

사드 배치를 둘러싼 양국의 갈등 증폭은 그동안 서로가 피해왔던 외교 안보 문제에 대한 상호인식이 극명하게 달랐음을 보여주는 대표적 사례로 한·중 관계의 구조적 취약성을 여실히 드러냈다. 사드 배치에 관해 한국 정부는 현존하는 '북한의 핵과 미사일 위협에 대한 자위적인 조치로 선택의 여지가 없다'는 입장이지만, 중국 정부는 '한국의 사드 배치는 중국의 전략적 이익을 침해하는 행위로 전략적 균형을 해쳐 중국의 국가이익을 훼손하는 행위'라며 사드배치 철회를 계속 요구하면서 북핵과 사드는 별개 사안이라는 입장을 고수한다. 북핵이 사드배치를 촉발하는 원인이라는 한국 입장과 근본적인 인식 차를 보이는 것이다. 이에 대해 한국 측은 중국이 한국이 느끼는 '북한의 직접적 군사 위협'을 도외시 한 채 자국의 안보 이익만을 강조하고 있다고 생각한다. 특히 사드 배치가 북중 관계의 복원이나 혈맹 복귀로 이어질 수 있다는 일부 중국 내 한반도 전문가들의 '자기중심적인 안보 논리'는 북핵과 미사일 위협에 시달리는 이웃 국가 한국의 입장을 전혀 고려하지 않은 언사로 많은 한국 국민의 반발을 야기

하였고 아직도 그 후유증에서 벗어나지 못하고 있다.

한국 대선 과정에서 사드 문제에 대한 전향적 처리를 밝힌 문재인 정부가 2017년 출범하자 중국은 한국 신정부에 상당한 기대를 걸었다. 특히 북핵 문제의 근원적 해결에 남북 간의 직접적 의사소통이 중요함을 강조하는 신정부는 북핵 해결을 위해서도 안정적인 한중관계가 필요했고, 중국도 한반도 남북에 영향력을 유지하기 위해 사드 문제의 돌파구가 필요했다. 양국은 경색 국면을 돌파하기 위해 2017년 10월 31일, 2016년 7월 이후 1년 넘게 진행돼온 사드 갈등의 고리를 끊고 각 분야에서의 조속한 교류 정상화에 합의했다고 발표했다.

이 합의는 양국이 기본적으로 한반도 사드배치 문제에 대한 각자의 기존 입장을 그대로 유지하면서 교류협력 강화가 양측의 공동 이익에 부합한다는 데 공감한다는 내용이 핵심이다. 한국의 청와대 국가안보실 제2차장과 중국 외교부 부장 조리 명의로 발표된 이 합의는 문서로 남기지 않는다는 약속에 따라 양국이 협의 결과를 각자의 방식으로 공표하는 방식을 택했다. 한국은 '협의'·'합의', 사드(THAAD)에 대한 '봉인(封印)' 또는 '봉합(縫合)'을 강조한 반면, 중국은 외교부 홈페이지에

'중·한 양측의 중한 관계 등에 대한 소통 진행'이라는 제목으로 발표문을 올리는 온도차를 보일만큼 실질적 합의에 이르렀다고 보기는 어렵다.

우선 중국의 입장은 자세히 기술됐지만 한국의 입장은 구체적이지 못한 비대칭성이 눈에 띤다. 특히 사드 문제와 관련 한국이 '중국 측의 사드 문제 관련 입장과 우려를 인식하고 한국에 배치된 사드 체계는 그 본래 배치 목적에 따라 제3국을 겨냥하지 않는 것으로서 중국의 전략적 안보이익을 해치지 않는다는 점을 분명히 했다'고 명시했다. 표면적으로는 사드가 중국을 겨냥하지 않는다는 우리 입장이 표현된 것으로 보이지만 사드가 중국의 '전략적 안보이익'과 연관되어 있다는 중국 주장이 더 강조되었다. 게다가 한국에 배치된 사드 체계를 반대한다고 재천명하고, 한국 측의 입장에는 '유의(take note of)'를 표명해 '북핵으로 인한 사드 배치'라는 한국의 주장이 표출되지 않았다. 게다가 한국 측이 관련 문제를 적절하게 처리하기를 희망했다는 내용도 들어가 있어 향후 불씨를 남겼다. 무엇보다 한국 국민들은 지나치게 과도한 자국 핵심 이익을 강조하는 중국에 마음의 상처를 입었고 이는 향후 양국 관계 발전에도 적잖은 영향을 미치고 있다.

사드 문제를 한중 관계의 새로운 전환점으로 보는 것은 이 문제가 수교 이후 전개된 한중 관계의 비대칭성이 응축돼서 나타난 결과이기 때문이다. 게다가 양국의 국력차가 확대되면서 중국에게 한국의 중요성은 상대적으로 축소되었고, 중국의 대외 관계 전략 조정에 따라 양국 관계가 저울질되는 양상이 출현하고 있으며, 한·중 간 국력 차의 확대는 양자 관계를 넘어서 동아시아 및 세계에서의 강대국 간 세력 구조를 변화시킬 수 있는 중대 요인이다. 이는 당연히 한국의 경제·안보에 직간접적으로 영향을 미치게 되어 있다. 더욱이 이 추세가 향후 확대·심화될 경우 중국에 대한 한국 국민의 경계심 고조, 한·미동맹의 강화, 미·중에 대한 '균형외교' 논쟁 등이 지속적으로 대두될 수밖에 없다. 따라서 보다 근본적인 차원에서 양국 발전의 핵심 문제들을 종합적으로 살펴보는 작업이 필요하다.

03

한·중 관계를 규정하는 요소들

한·중 관계는 양자 관계를 넘어서는 다양한 복합요소를 가지고 있다. 이 요소들에는 기본적으로 수천 년에 걸친 주도적 지위를 강조하는 중국의 한국에 대한 주종(主從) 관계 의식과 거대 중국의 대외전략 변화 양상, 1954년부터 이어진 한·미 동맹관계와 1992년 이후 형성된 한·중 협력관계의 차별성 그리고 혈맹과 다름없는 중·북의 특수 관계 및 북핵 인식, 문재인 정부 출범 이후 완화분위기를 보이는 남·북한 관계 등과 얽혀있다. 결국 한·중 관계는 이들을 어떻게 인식하고 처리하느냐에 따라 미래 발전 방향이 결정될 수밖에 없다.

구조적 요인

한·중 간에는 한반도의 기본적인 현상 인식에 존재하는 인식 차가 있다. 아래의 도표는 한중 관계를 규정하는 한반도 문제 및 한미 동맹 등에 대한 양국의 인식차를 표시한 것이다.

<표2> 한중 관계의 구조적 인식차

사안	중국의 입장/조치	한국의 입장/조치	비 고
한반도 통일 인식	• 남북에 의한 (자주적) 평화통일 지지 • '통일'보다는 현상유지적 '안정' 희망 • 사실상 북한정권 유지 지원	• 한·중간 구체적 사안 차이 인식 필요 • 북한 급변 대비 평시 신뢰구축 필요 • 통일 후 우호적 관계 유지 사전논의	북한 존재에 대한 인식 문제
북한핵 문제	• 북한 포함해 한반도 내 핵 불용 • 미국의 대북 압력/위협이 근본 원인 • 평화적 해결지지, 국제 대북제재 난색 • 북한정권의 안정적 지속 희망	• 남북기본합의서 및 한반도 비핵화 선언 준수 필요 • 북핵문제는 한반도 안정 저해 강조 • 국제적 공조 하, 북한과 대화 강조	북미 회담, 남북 협의와 연계
주한 미군	• 일국의 타국 군대주둔 원칙적 반대 • 주한미군의 대중국 역할 주시. 특히, 한반도 통일 시 대중 역할 우려	• 한·미간 협의 사항. 주한미군의 한반도 안정 기여 강조 • 통일 후에도 주한미군의 성격은 지역안보임을 강조	종전선언, 평화체제, 미국의 대중 전략과 연계
미·일 안보 동맹 강화	• 'NATO의 아시아판'으로 간주 • 일본의 독자적 정치·군사적 역할 및 대만에 대한 함의 크게 우려 • 일부는 대중국 봉쇄 정책으로 간주	• 지역안정 및 대북 억지력 및 역내 안정 유지 기여 강조 • 미·일간의 쌍무적 문제 • 한미일 동맹화 시각에 반대	중북관계 및 한미관계와 연계
TMD 및 THAAD	• 역내 '전략적 균형' 및 '중국의 안전 이익' 훼손을 이유로 강력 반대 • 한·미·일의 '대중 봉쇄' 일환	• 문제의 근원은 북한의 핵과 미사일이고 중국을 겨냥하지 않음 • 한·중관계의 전체 맥락에서 문제해결	중국 사드보복

우선, 한반도 통일에 대해 중국은 남북 쌍방의 협상

에 의한 자주적 평화통일을 지지한다는 원칙을 견지하고 있다. 하지만 안보적으로 미국의 영향 하에 있는 한국적 현실을 고려해 '통일'보다는 '분단된 한반도'라는 현상 유지적 '안정'을 희망한다. 둘째, 북핵 문제에 대한 이견이 존재한다. 중국은 북한을 포함해 한반도 내에서의 핵 불용을 천명하면서 미국의 대북 압력과 위협이 북핵·미사일 개발의 근본 원인이라는 입장이다. 북핵은 결코 제재와 압박으로는 해결될 수 없으며, 따라서 국제사회의 대북 제재에 난색을 표하면서 평화적·외교적 해결을 지지한다는 입장이다. 북한 정권의 안정적 지속에 바탕를 둔 이러한 인식은 자칫 '핵 있는 평화'(nuclear peace)의 위험성도 불러올 수 있다. 셋째, 중국은 한미 동맹에 부정적 시각과 함께 한·미·일을 안보 동맹으로 인식해 대중 봉쇄망의 일환으로 간주하면서 주한 미군의 대중국 역할을 주시하고 있다. 그러나 엄연히 대중 견제 성격이 강한·일 동맹과 한·미 동맹은 분명한 차이가 존재하며, 더욱이 한·일은 동맹관계가 아님은 주지의 사실이다.

또한 <표3>에서와 같이 양자 관계에서 나타난 갈등 사안과 <표4>와 같은 미래 갈등 사안도 존재한다. 한·중 간의 갈등은 외교·안보적인 사안이 엉뚱하게도 경제 분야로 파급되고 있다는데 큰 문제가 있으며 이는 양국 정부나 민간이 유의하지 않으면 심각한 후유증을 겪을 수 있다.

\<표3\> 한·중 역대 갈등 사안

사안	중국의 입장/조치	한국의 입장/조치	비 고
재중 탈북자 문제	·중국의 주권·영토사항. 소수민족 문제 ·중·북간 사안, '제3자'(한국) 개입 불가 ·국내법·국제법·인도주의에 의거 처리	·현실적 대안은 제한적 ·탈북자의 북한 강제 송환 방지를 위해 지속적 중국 접촉, 국제여론 동참	인권 문제
마늘 분쟁	·농민 문제로 보고 강력대응 ·중국국내법인 대외무역법 7조에 의거 한국에 대해 보복조치(휴대폰).	·중국산 마늘에 긴급 조정관세 부과 ·WTO 절차에 따라 처리 ·수입제한 조치, 2003년 이후 불연장	'00년7월, 한중합의.' '02년쿼터소진으로 일단락
'고구려사' 인식 문제	·중국 변방민족사의 일부, 인종적·문화적·영토적으로 한반도와는 다름 ·한국민의 정서를 감안, 정치문제화 자양, '학술적' 해결 희망	·(정부) 한민족사 정체성 관련 중대사안, 중국과의 원만한 해결 희망 ·(학계) 절대 불용론, 역사공유론	역사해석 및 인식 문제
서해 불법 조업 문제	·EEZ보다는 중국전통 조업질서 유지강조 ·NLL에 대한 인식차이 존재 ·과도한 공무집행 항의	·중국 어선의 무장화 및 조직적 집단 저항에 강력 항의 ·중국 측에 자체 단속 강화 강조 ·공용화기 사용으로 강력 대응	한중어업협정, 01.6.30효력 발생. 해양경계획정과 연계

사안	중국의 입장/조치	한국의 입장/조치	비 고
이어도 문제	• 영토문제 아님 • 영토문제화 가능성	• 영토문제 아님 • 해양과학기지 건설 운영	해양경계획 정과 연계
방공식별구역 진입 문제	• 방공식별구역은 국제법적 효력 없음 • 한국을 겨냥한 것이 아니라는 주장	• 진입 시 통보 필요 • 한국 안보에 위협	중러 협력 vs. 미일 동맹
일대일로 Vs. 인도-태평양 전략	• 중국, 한국이 일대일로에 참여 희망 • 미국, 한국 인-태 전략 참여 희망 • 한국의 인태전략 참여, 대미 경사로 간주	• 일대일로를 신남방 정책과 연계 • 인태 전략 참여에 대해 유보적	한중 협력 vs. 한미 동맹
대만해협 안정 문제	대만은 중국 영토의 일부	지역 안정 희구에 대한 일반론	한중 협력 vs. 한미 동맹

중국 대외전략, 동북아·북핵 인식의 이해

중국의 입장을 분석하려면 당연히 중국의 대외전략 및 적어도 동북아 정세에 대한 인식과 북핵에 대한 입장을 살펴볼 필요가 있다.

우선, 비등하는 국력을 바탕으로 한국에 분명한 영향력을 확보하려는 중국의 대외전략에 대한 이해가 중요하다. 일국의 외교 전략은 당시의 국력과 지도자들의 인식에 따라 일련의 변화를 거친다. 중국도 마오저뚱 시대는 평화 공존론, 떵샤오핑 시대는 평화발전론이, 장쩌민 시대에는 양자 및 다자 관계의 활성화를 통해 경제 교류와 외교 왕래를 강조하는 신안보관(新安全觀), 후진타오시대에는 협력을 강조하는 조화외교가 주창되었었다. 이들은 모두 기본적으로 평화를 강조하면서 중국 자신의 힘을 숨긴다는 도광양회(韜光養晦)전략을 핵심으로 한다. 그러나 시진핑 시대에 들어서면서 중국 외교는 적극적인 대외 지향성을 강화하고 있다. 표면적으로는 '평화와 발전의 시대' 그리고 개혁개방을 통한 세계적 성장의 기회를 적극 활용하여 발전을 추구한다는 정책 기조는 크게 변하지 않고 있지만 시진핑 시대는 '국가주권, 안보, 발전이익을 수호하고 이에 대한 어떠한 외부의 압력에도 절대 굴복하지 않겠다'는 핵심이익의 견지, '국제적 지위에 걸맞은 안보·발전이익을 위해 공고한 국방과 강대한 군대 건설', 해양, 우주, 인터넷 공간의 안보를 중시 등을 강조하고 있다. 이는 자국 이익 수호에 이전보다 더 강경한 태도를 보일 것임을 알리는 것이기도 하다.

특히 2017년 말, 집권 2기에 들어서면서 시진핑 체제는 '새로운 시대(新時代)'를 강조하는 대외 전략을 전개하는 중이다. 향후 중국외교의 목표를 기존의 '신형 대국 관계'에서 '신형 국제관계' 구축으로 바꾸었으며, 힘의 열세를 인정하고 신중하게 접근하는 도광양회(韜光養晦)를 버리고 적극적으로 할 일을 찾겠다는 분발유위(奮發有爲)라는 외교 담론을 선택했다. 나아가 개발도상국들에게 중국 모델을 참고하게 하겠다는 자신감도 피력했다. 특히 자유무역과 전면적 개방정책으로 중국식 세계화를 통해 미국과 다른 길을 걷겠다는 것도 분명히 했고 아시아의 안보는 아시아가 책임져야 한다는 '신아시아 안보관(新亞洲安全觀)'과 '아시아 의식(亞洲意識)'도 제시하였다. 결국 미국을 의식한 일종의 먼로주의(Monroe Doctrine)적 성격을 강조하면서 '신시대'를 맞아 중국 주도의 신 국제질서 구축을 본격화하겠다는 것이다.

중국의 대외전략에서 동북아 전략과 북한과 북핵에 대한 중국의 인식도 매우 중요하다. 동북아는 중국의 경제 및 외교 안보 정책에 있어 가장 중요한 지역이다. 특히 경제발전을 위해 안정적인 주변 환경이 필요한 중국에게 한반도 남북한 관계의 안정은 필수적인 것이다. 따라서 중국은 한반도의 긴장 완화 및 안정 유지, 한반도 남북 양측 간의 대화와 협상을 통한 자주적인 평화통일 실현 및 한반도의 비핵화(非核化), 그리고 북한 안전에 대한 고려라는 4대 원칙을 한반도 정책의 기조로 삼고 있다. 중국은 한국과는 경제·무역 관계에 중점을 두고 북한과는 전통적인 사회주의 유대관계를 지속적으로 유지하는 것이 자국의 국익에 부합하는 것으로 판단하고, 북한의 현 정세가 한반도의 안정 유지를 저해할 가능성이 있으므로 북한 체제 유지를 위한 일정한 지원이 한반도의 안정에 도움이 되며 이것이 중국의 국가발전 전략에도 도움이 되는 것으로 인식하고 있다.

중국의 입장에서 볼 때 북한은 분명히 사회주의의 완충지대 역할을 수행할 수 있다. 이러한 차원에서 중국은 북핵 문제와 관련해서 실제적으로는 매우 일관된 태도를 보이고 있다. 한 가지 분명한 사실은 중국이 여전히 북한의 고립과 붕괴를 막기 위해서 북한에 대한 안전보장을 관련국들에게 주문하고 있으며, 지속적인 경제 원조를 하고 있다는 점이다. 이는 중국과 북한 관계 변화를 나타내는 여러 가지 추측에도 불구하고 중국의 대북 정책에 대한 근본적인 전환을 기대하기 어렵게 만들고 있다. 갑작스런 북한의 정권교체나 붕괴에 대한 중국의 부담이 너무 크기 때문이다. 중국 입장에서 보면 아직까지 북한은 분명히 전략적 자산이다. 북한의 존재는 대미·대일 견제와 한반도 남북에 대한 영향력 유지 차원에서 여전히 그 효용성이 크다. 북한을 벼랑 끝으로 몰고 갈 경우 한반도 정세 악화가 반복되고 최악의 경우 북한 정권에 위기가 초래될 수 있고 이것이 중국에 과연 유리한 국면인가에 대해서 부정적이기 때문이다. 때문에 중국은 한반도의 안정, 비핵화, 북한정권의 유지, 그리고 대국으로서 남북에 대한 영향력 확대 등을 고려해 여전히 북한 감싸기를 하는 것이다. 때문에 중국은 한반도의 비핵화보다는 한반도 안정에 더 정책적 비중을 두고 있다고 할 수 있다. 중국은 북한의 핵 보유가 비록 자국을 난처한 상황으로 몰고 있지만 북한이 붕괴되지 않도록 관리하고자 한다.

따라서 북핵에 관한 중국의 생각은 다르다. 표면적으로는 대북 제재에 동참하고 있으나 과도한 제재로 북한을 중국의 적으로 만들어서는 안 된다는 인식 때문에 북한 정권의 붕괴를 야기하거나 북한이 중국을 적대국가로 인식하게 할 정도의 대북제재를 추진하지는 않겠다는 전략 방침을 유지하고 있다. 이는 북한을 '무장해제' 시켰을 때 중국에 남는 것이 과연 무엇인지에 대한 반대급부가 명확하지 않기 때문이다. 북한은 북·중 관계가 중국의 국력 상승에 따라 비대칭동맹(asymmetric-alliance), 즉 동맹체제 내 약소국이 되었음을 잘 알고 있다. 북한도 중국의 이러한 인식을 잘 알고 있다. 여전히 미국의 대북 군사 공격이 중국과 러시아가 있는 한 쉽지 않다는 점, 주변 환경의 안정을 갈구하는 중국의 태도 그리고 다시는 한반도에서 전쟁이 일어나면 안 된다는 한국의 생각을 교묘하게 이용해 확실한 핵보유국으로서의 위상을 갖겠다는 행보를 계속하고 있다. 북핵은 미국뿐 아니라 중국을 겨냥한 측면도 있기 때문이다.

그러나 미국의 접근은 다르다. 2021년 4월 30일 발표한 미국의 새로운 대북 정책 기조는 제재는 계속 유지하면서 오바마 전 대통령처럼 북한의 선 비핵화 조치를 기다리는 '전략적 인내'(strategic patience)와 트럼프 전 대통령의 톱 다운 방식 빅딜 추진(grand bargain)의 중간 성격으로 북한을 대하겠다는 것이다. 또 미국이 한·미보다 한·미·일 공조를 더 중시하겠다는 입장이고, 일본은 엄격한 비핵화인 CVID(완전하고 검증 가능하며 불가역적인 비핵화)를 요구하고 있고, 일본인 납치자 문제를 더 중시하는 등 대북 강경 기조를 유지하고 있어 북한의 김정은 입장에선 달가울 리 없다.

미·중 갈등의 격화 추세

주지하다시피 미국의 트럼프 행정부는 중국이 국제 사회의 포용정책에도 불구하고 오히려 악랄한 독재 정권이 되었고, 국제경제의 약탈자로 미래를 함께 할 수 없는 국가가 되어 자유세계를 위협하는 괴물로 인식하면서 중국 사회주의 제도에 대한 불신, 공산당 독재의 불투명성을 가진 '반(反) 민주 독재국가'인 중국과의 탈동조화(decoupling)를 추진하였다. 트럼프 행정부는 2017년 말 발간된 '국가안보전략 보고서'에서 중국을 '전략적 경쟁자'로 지목하고 전면적인 '미·중 전략 경쟁'을 선언했는데 이는 교류 협력의 확대로 중국의 시장경제화와 민주화를 추구하는 대중 연계와 변화정책을 폐기한 것이기도 하다. 2020년 5월의 '대 중국 전략보고서'도 '미·중은 전략적 경쟁 관계이며 중국은 경제적·가치적·안보적 측면에서 미국에 도전'한다면서 중국의 도전에 맞서 미국인과 국토, 미국식 삶을 보호하고, 미국의 번영을 증진하며, 힘을 통한 평화의 보존 및 미국의 영향력의 증대를 목표로 삼는다는 점을 천명하고 사실상의 '미중 신냉전 시대'를 공표하였다.

2021년 초 출범한 미국의 바이든 행정부도 3월, 잠정 국가안보전략(Interim National Security Strategy)보고서에서 중국을 '경제, 외교, 군사, 기술력을 결합해 안정적이고 열린 국제 체계에 계속 도전하는 잠재력을 보유한 유일한 경쟁자'로 지목하며 '중국 견제'를 외교 정책의 핵심으로 내세우면서 특히 중국과의 전략적 경쟁에서 이기기 위해 다른 민주주의 국가와의 협력을 강화하겠다고 밝혔다. 미국에 대한 신뢰를 회복하고 미래에 주안점을 두는 글로벌 리더십을 확고히 함으로서 미국이 국제 의제를 설정토록 하겠다고는 것이다. 바이든의 대중 정책을 적시한 이 보고서는 자유민주주의(liberal democracy)의 안보와 복지를 진작시키는 국제질서를 구축하고자 자유주의 패권국 또는 자유주의 국가집단의 콘소시엄이 위계적 국제질서 규칙을 제도화해야 한다는 자유주의적 국제주의(liberal internationalism)이론과 연계돼있다.

또한 '중국의 군사적 도전에 대응'해 남중국해 항행의 자유 보장 및 미국-일본-호주-인도 간의 협의체인 Quad(+3)를 최대한 활용하고, 대중국 군사안보동맹체인 AUKUS도 출범시켰다. 또 대만관계법에 따른 대만에 대한 지원 지속, 중국의 아킬레스 건인 '제도'와 '가치'라는 판도라의 상자를 건드린 티벳·신장 위구르의 인권 탄압에 대한 비판과 홍콩에서의 일국양제(一國兩制)의 이행 여부 감시에도 분명한 목소리도 내고 있다. 이는 중국의 최대 약점인 민주, 자유, 인권 등 보편가치로 중국을 공략하는 것이 미국의 부담을 최소화하면서 동맹 규합에 적절하기 때문이다. 바이든 대통령은 민주주의 국가들과의 국제공조 강화를 통해 중국 중심의 글로벌 가치 사슬 재편(GVC)을 주도하는 글로벌 리더로의 복귀를 천명하면서 미·중 양자 대결이 아니라 미국 주도의 다자규범 공유해 국제사회 대 중국의 대결 구도로 전환을 선언했으며, '2021년 전략적 경쟁법(The Strategic Competition Act of 2021)'을 통과시켰다. 이 법은 중국의 정책이 국제질서 및 국가 간 통용되는 규범과 제도의 재편을 시도하는 등 미국의 국익과 국제 사회의 자유와 번영을 위협하므로 중국의 경쟁 노력에 대항하여, 동맹국 및 파트너국들과 함께 미국의 이익과 가치를 보호하고 증진하는데 목적을 두고 있다. 민주주의 및 인권 훼손, 금융 체제 장악, 지식재산권 보호, 국제질서 교란, 아시아-태평양 지역 안보 등을 강조하면서 특히 대 중국 이중용도 품목 수출 제한 강화 가능에 국가 안보 외에도 다양한 명분을 신규 도입했다. 이는 미국과 대등한 경쟁국이 되려는 중국에 대해 미국이 정치, 외교, 경제, 혁신, 군사, 문화 등 다방 면에서 법률적으로 대처하는 행동으로 중국과의 장기적 경쟁에서 승리하겠다는 구상을 구체화 시킨 것이기도 하다.

중국은 바이든 행정부가 대중 정책이 적대적·경쟁적 측면뿐 아니라 협력적 측면도 갖고 있다는 의지를 밝혔지만 향후 지역 구도를 둘러싼 힘겨루기와 첨단기술을 둘러싼 경쟁에서는 '탈 동조화'(decoupling)가 불가피할 수밖에 없을 것으로 인식한다. 이에 대응하기 위한 중국의 대응도 이데올로기 측면과 경제 및 통상 정책 그리고 리더십 강화 등으로 다층적으로 드러나고 있다. 특히 바이든 행정부의 민주주의 정상회의에 대항하기 위해 중국식 민주 가치를 강조하면서 한발도 물러서려 하지 않는다. 미국이 2021년 12월 8-9일 양일간 전세계 11개국가를 초청해 민주주의 정상회의(The Summit for Democracy)를 개최하자, 중국은 12월 4-5일 '민주: 전 인류의 공통 가치'를 주제로 중앙선전부와 국무원 신문판공실이 주최해 120여 개 국가 또는 지역, 20여 개 국제기구에 소속된 인사 500여 명이 온·오프라인으로 참석한 국제포럼을 베이징에서 열었으며 중국 국무원은 『민주백피서』를 출판해 정면 대응에 나서기도 했다.

특히 중국은 인류가 직면하고 있는 문제들의 해결에 '중국적 지혜와 중국식 접근'을 제시하면서 서구와는 구별되는 중국의 독자적 발전 방식에 따른 기여를 강조하고 있다. 또 시진핑 체제는 세계적 강국으로의 부상이 '중국식 발전 모델(中國模式)'의 결과로 또 다른 국제질서의 제정자가 될 수 있음을 역설하면서 미국이 중국의 사회주의 제도와 이념을 문제 삼는 것을 오히려 미국이 자신의 이데올로기를 타국에 강요하는 패권주의적 행태이며 내정 간섭으로 일축한다. 여기에 미국의 압박과 견제에 대한 장기전 태세에 들어가면서 과학기술과 경제력을 배가하는 '과학기술 사회주의(科技社會主義/Digital Leninism)' 국가 건설로 정면 돌파를 선언했다. 여기서 밀리면 미국을 극복할 기회를 잃게 된다는 절박함이 중국 지도부의 사유를 주도하고 있는 것이다. 이제 미중 갈등은 무역통상 분쟁과 기술패권을 넘어 본격적인 제도와 가치 논쟁으로 진입했으며 이는 신냉전(new cold war)의 우려까지 내포하고 있다.

04

확대되는 한·중 갈등 요소들

미 · 중 사이에서의 한국 입장

이러한 상황에서 한국은 여전히 한·미 동맹과 한·중 협력구조 사이에서 고민하고 있다. 일반적으로 모든 국가는 국가의 안전 유지, 경제의 번영 그리고 영토의 유지나 확장 및 자기 이데올로기의 수호 및 전파라는 정책 목표를 가지고 있다. 또 대외적으로는 세계 평화의 수호 및 발전에 기여할 것을 표방하고 있다. 그러나 정책 목표는 유사하지만 정책의 집행이나 방법은 다른 모습을 보인다. 이런 면에서 현대적 대외관계 설정은 기본적으로 한 국가가 자신의 각종 국가 전략 자원과 정치, 경제, 군사, 문화 및 이데올로기 등이 수단을 동원하여 국가의 전체적인 안전과 가치관 국가이익을 도모하기 위한 과정으로 볼 수 있다.

한국은 중국과 '쌍무적 관계 발전' 및 '중국을 통한 대북 억지력 제고'라는 양대 목표를 추구하고 있다.

그러나 중국의 국제 신질서 구상과 지속적인 중·미 갈등은 한·미동맹을 기초로 하고 있는 한국의 입장에서는 상당한 제약을 불러 올 수 있다. 특히 미·중 간의 경쟁·갈등 구조나 상이한 대 한반도 이익을 감안할 때 양국이 모두 한반도 문제 해결의 중재자나 협력자가 될 수 있을 것이라는 가정은 자칫하면 우리의 희망 사항에 불과할 수도 있기 때문이다. 한국의 전략적 가치는 감정적이고 조건반사적인 동맹 강화를 피해야 한다는 전제에서 한·미 동맹과 한·중 협력을 강화해야 높아질 수 있다. 물론 동맹 구조와 협력 구조의 차이는 정확히 인식하고 있어야 한다. 이러한 차원에서 한·미동맹과 한·중 협력 및 남북한 관계 개선 등의 문제에서 일정한 차등화는 불가피하다. 그러나 차등화에는 반드시 정확한 현실 인식과 전략적 평가 그리고 중장기 적인 비전이 있어야 한다. 이러한 구조적이고 전략적인 정책과 그에 따른 협력과 갈등 등에 대한 정확한 이해가 선행되지 않으면 자주적 해결 공간은 제약될 수밖에 없다.

우선, 한국이 필요한 것과 중국이 필요한 것이 다르다는 것을 인지해야 한다. 2017년 10월 양국의 사드 합의에도 불구하고 중국은 기회가 있을 때마다 '사드 문제의 적절한 처리를 원 한다'는 주장을 반복한다. 사드의 추가배치와 미사일 방어체제(MD) 편입, 그리고 한미일 3국 군사동맹을 추구하지 않는다는 '3NO'문제에 대한 약속을 지키라며 한국을 압박한다. 북핵 문제의 해결보다는 대미 견제가 우선이라는 의미다.

또한 한반도 문제의 핵심인 북한과 북핵 문제에 대한 중국의 입장을 정확히 파악해야 한다. 중국은 북한 정권의 유지와 북핵 문제를 별개로 인식한다. 물론 북한의 핵보유에 대해서 한중 양국 공히 종국적으로 제거해야할 대상이라는 공감대는 가질 수 있다. 그러나 북한의 존재는 미국을 견제하고 일본을 압박하며, 중국이 한반도의 영향력을 유지할 수 있는 중요한 전략적 자산이다. 중국은 북한 제재에 소극적일 수밖에 없기 때문에 중국의 역할을 과도하게 기대하는 것은 희망 사항에 불과할 수 있다.

이에 반해 한·미 동맹은 레벨이 다르다. 북핵 해결의 진전 없이 남북관계 개선 '마중물'로서의 한미 동맹 조정이나 중국과의 북핵 관련 협력 확대는 동맹국 미국에 잘못된 메시지를 줄 수 있으며 한국의 전략적 입지를 스스로 축소시킬 소지가 크다. 이 상황에서 그래도 필요한 것은 국민적 공감대에 기반한 우리 국익과 원칙을 분명히 하는 것이다. 자유민주국가로서 북한에도 쓴소리를 할 수 있어야 중국에도 할 말은 할수 있게 되며 미국에도 우리 의지를 피력할 수 있다. 분명한 전략적 설득 논리가 없으면 선택에 몰릴 수 있기 때문이다.

역사·문화 도발과 경제력 무기화의 고착화 추세

한중 관계에는 양자 관계에서도 균열이 나타나고 있다. 일단 코로나 펜데믹의 지속과 악화되는 미·중 갈등의 소용돌이 속에서 기존의 한·중 관계를 규정하는 몇 가지 요소들이 그대로 유지되면서 일부 분야에서 인식의 차이가 악화되고 있음을 부인할 수 없다.

특히 중국의 한국 역사·문화에 대한 왜곡과 도발도 한중 미래 관계의 큰 변수로 다시 대두되고 있다. 최근의 역사·문화 침탈 과정은 중국의 '종주국 중국' 이미지 재형성에 그 초점이 맞춰져 있다. 1949년 중화인민공화국 수립 이후 중국은 문화적으로는 중국적 천하관(天下觀)과 민족관을 바탕으로 한족(漢族)과 55개의 소수민족이 오랜 역사 과정을 통해 통일적으로 형성된 국가라는 '통일적 다민족 국가론'을 강조한다. 개혁·개방 정책의 성공적 추진으로 세계적 국가로 부상한 중국은 중화문명의 유구함과 중화민족의 위대함을 대내외적으로 과시하려는 신중화주의 문명사관의 투영을 숨기지 않고 있다. 이는 19세기 서방과의 불편한 조우에서 벗어난 중국의 성공을 과시하고, 현재와 미래의 중국 국가 안보 목표와 대외전략 목표 설정, 그리고 안정적 국내 통치(governance)와 사회 안정의 유지에 영향을 받은 것이기도 하다. 이미 한중 관계는 현재의 중국 강역 내에서 전개된 모든 역사는 중국의 역사라는 인식하에 동북 변경 지역의 역사와 현상을 중국화하려는 동북공정(東北工程)으로 큰 상처를 입었다.

중국은 이렇게 '의도된 역사 인식'을 바탕으로 김치나 한복 등 문화 분야에 까지 영역을 확장하고 있다. 가히 역사·문화 빼앗기가 결합된 신(新)동북공정에 다름 아니다. 중국은 이미 아리랑이나 씨름, 돌잡이 등 조선족 문화도 소위 중화(中華)문화의 일부라고 주장하고 있고, 강릉 단오제도 중국 명절 빼앗기로 간주한다. 한국의 독보적 전통음식인 김치와 전통 복식인 한복도 중국 문화로 소환됐고, 한반도의 최대 비극인 6.25 한국전쟁마저 미국에 대항해 평화를 지킨 항미원조(抗美援朝) 전쟁이라는 중국이다. 문화적 문제에 있어서도 중국을 직접 지칭하지도 않았고, 중국의 제도·주권·영토 등과 관련된 '핵심이익'(core interest)문제도 아닌데 과도한 민족주의를 여과 없이 분출하고 있다. 모든 것을 중국에 대한 무시로 간주하는 등 중화주의적 피해 의식과 공격적인 조급함 마저 보인다. 때문에 중국에서 제기되는 역사·문화와 관련된 행보는 단순한 일시적 현상으로 볼 수 없다. 중국 정부의 주장대로 '민간의 이름'으로 강화되고 있는 다양한 문화적 침탈 행위는 결국 중국이 중국적 인식과 방식을 통해 자신들의 의도대로 영토와 역사·문화 짜 맞추기 작업을 진행하고 있다는 방증이기도 하다.

또 중국은 한국의 최대 교역국이다. 특히 한국의 대중 수출액은 2위 교역대상국인 미국과의 수출입 총액보다 10% 이상 많으며, 대미, 대일 교역액을 합친 것보다 많아 대미교역의 2배, 대일 교역 규모의 3배에 달한다. 이 과정에서 중국 경제와 산업의 경쟁력 제고도 뚜렷이 나타났다. 요소수 사태에서도 나타났듯이 한국은 중국 공급망에 가장 심하게 노출된 국가의 하나다. 중국은 세계 마그네슘 생산의 87%를 차지하는 사실상의 독점 공급국이며 희토류도 90% 넘게 공급한다. 특히 한국의 현재 주력 산업인 반도체 분야와 미래 주력 산업인 배터리 분야의 특정 희토류에 대한 의존도는

거의 절대적이어서 각별한 주의가 요망된다. 또 아직
은 한국이 우위인 주력 산업 분야와의 격차도 상당히
축소되었다.

더 큰 문제는 경제력을 무기로 상대방을 굴복시킨 중
국적 경험들이 왜곡된 집단 역량 과시에 무절제하게 이
용되고 있으며 특히 이러한 과정이 패턴화되고 있는 것
이 문제다. 소위 '소분홍'(小粉紅) 등으로 불리는 애국주
의 청년 네티즌들이 중심이 된 역사·문화적 의견 제시
는 공산당 기관지 인민일보의 자매지인 환구시보(環球
時報)에 의해 비이성적인 분노가 조장되는 선전전(宣
傳戰)으로 바뀐다. 강대국 중국에 대한 도전으로 인식
시켜 전형적인 애국주의 여론전으로 확산되고, '경제력
무기화'가 동원되면서 중국식 길들이기의 전형이 되었
다. 이러한 과도하고 편협한 애국주의 때문에 중국은 국
제시스템 수용이나 책임감을 무시한 힘자랑을 일삼는다
는 국제적 비난에 직면하고 있음은 주지의 사실이다.

대중 인식의 악화

또한 한국인들의 대중 인식이 악화되고 있는 것 역
시 문제로 대두되고 있으며 이는 미래 한중 관계 발전
에 상당한 악재로 작용할 가능성이 크다. 특히 급성장

한 경제력과 군사력을 무기로 공세적인 외교를 지향하는 전랑(戰狼 : 늑대 전사) 외교(Wolf Warrior Diplomacy) 행태에 차이나 포비아까지 나타나면서 중국에 대한 비호감도 크게 증폭되고 있는 게 현실이다. 특히 한국의 미래세대인 2030세대의 대중국 호감도는 일본은 물론 북한보다도 떨어진 것으로 나타나는 최악의 상황을 보이고 있다.

<표5> 2030세대 주변국 호감도(단위 %)

국가 \ 연령	전체	20대	30대
미국	56.3	56.1	55.6
북한	29.5	25.3	25.3
중국	27.6	17.1	20.3
일본	26.7	30.8	23.9

자료 : 한국일보·한국리서치의 여론조사, 2021. 5.25~27일 실시.

또한 갈수록 대중 감정이 악화되는 추세도 문제다.

<표6> 대중 감정의 악화 추세

국가	2018년 상반기	2018년 하반기	2019년 상반기	2019년 하반기	2020년 상반기	2020년 하반기	2021년 5월
미국	54.8	55.7	53.7	50.6	51.5	48.7	57.3
북한	43.6	48.7	44.0	37.8	34.6	30.0	28.8

국가	2018년 상반기	2018년 하반기	2019년 상반기	2019년 하반기	2020년 상반기	2020년 하반기	2021년 5월
중국	37.3	38.4	34.4	35.6	33.1	28.1	28.6
일본	31.8	32.1	28.2	21.0	23.9	22.5	26.4

자료 : 2018-2020년은 한국리서치 정기조사 결과, 2021년 5월은
〈시사IN〉 조사. 0으로 갈수록 부정적, 100으로 갈수록 긍정적

또한 <표7>에서 보듯이 중국에 대한 부정적 인식이 사안별로 매우 구체적이다. 미세먼지나 황사, 코로나19 같이 구체적으로 자신이 피해를 입었다는 경험적 감정과 계속되는 중국의 힘자랑이 강압적 자세로 비쳐지고, 특히 2-30대가 반중 감정 악화의 선봉에 있다. 중국에 좋지 않은 인상을 느끼게 된 이유로는 중국의 강압적인 행동을 가장 많이 꼽았고, '한국을 존중하지 않아서', 일당 지배 체제, '역사 갈등' 등이 뒤를 이었다. 더 큰 문제는 대중 인식이 갈수록 악화되고 있다는 점이다.

<표7> 중국에 대한 부정적 인식의 사례 (단위: %)

황사·미세먼지 문제	89.4
중국의 코로나19 대응	86.9
불법조업 등 경제수역 문제	84.3
중국 누리꾼의 혐한 표현	80.0
중국의 정치사회 체제	78.1
중국공산당*	81.1
중국 기업*	60.8

중국 제품*	57.1
한국에 대한 중국의 부정적인 언론보도	74.7
양안관계(중국-타이완 갈등)	62.5
중국에 대한 한국의 부정적인 언론보도	62.3
미국-중국 무역전쟁	61.2
중국과 북한의 관계	59.6
한국 누리꾼의 반중 표현	49.8
한·중 경제협력	30.7
한·중 인적 교류(유학, 관광 등)	27.8
중국 문화(영화, 드라마 등)	23.6

자료 : 〈시사IN〉, 2021년 5월 12-17일, 1,229명 조사.

물론 이러한 조사들이 한중 관계의 모든 것을 설명하지는 못한다. 그러나 분명한 것은 적어도 양국 정부가 이 문제에 대한 심각성을 이해하고 미래 한중 관계의 건강한 발전을 위해 이를 완화할 수 있는 노력을 해야 한다는 점이다.

대만해협·종전선언 문제

특히 미중 갈등과 관련해 출현한 '대만해협의 안정' 문제도 휘발성이 크다. 북핵 문제로 인한 동북아의 화약고가 한반도였다면 이제는 대만해협이 '동아시아의 화약고'로 떠오르는 형국이다. 중국은 2021년 5월 21일 열린 한미 정상회담 공동성명에서 '대만해협의 평화와 안정 유지 강조'라는 문구가 들어가자 중국은 내정 간섭이라며 강력히 반발했다. 2019년 6월 미국은 '인도·태평양 전략보고서를 통해 대만을 '중화민국'으로 표시하면서 동아시아의 안정과 안보에 대한 미국의 공약(commitment)을 집행하는 시험대로 활용하는 전략을 펼쳤다. 특히 중국인민해방군은 대만을 무력으로 점령하려는 야욕을 버리지 않고 있다면서 미국은 대만이 충분한 자위력을 갖추기 위해 필요한 모든 군사적 지원을 다해야 한다고 명시까지 했다. 바이든이 계승한 미국의 대만 중시는 이제 대만에 대한 전략적 명료성(clarity)이 강화되는 모양새다. 이는 미국이 중국이 도전의 선제적 제어에 대만의 중요성을 우선 고려하고 있는 것이기도 하다. 게다가 바이든 대통령은 2021년 10월 27일 CNN과의 인터뷰에서 중국이 공격하면 대만을 방어할 것이냐는 질문에 그렇게 해야 할 약속이 있다면서 대만 방어를 기정사실화하고 나섰다.

사실 '대만해협의 평화와 안전' 조항은 2021년 3월 알래스카 중미 외교수장 회담에서 양제츠도 언급한 것이며, 올해 열린 미·일 정상회담, 주요 7개국(G7) 외교·개발장관회의, 미·일 외교·국방(2+2)회의의 공동성명에도 이 문구가 포함됐다. 다만 중국은 한국이 대만해협 문제를 처음 언급했다는 점과 바이든 행정부 출범 이후 첫 한미 정상회담에서 '미사일 지침 해제'나 반도체 등 첨단산업 협력이 같이 제기되면서 한미 동맹 강화로 이어지는 움직임이 보이자 한국의 대미 경사를 제어하는 경고를 보낸 것이다. 한국외교부는 '중국을 적시하지 않았고 해당 지역의 평화와 안정이 중요하다는 일반론적 언급"이라는 입장이다. 그럼에도 미중 간의 대립이 격화될 경우 미국을 필두로 하는 인도·태평양 지역에서의 동맹 및 협력관계에서 한국의 위상이 영향을 받을 수 있기 때문이다.

또한 종전선언 문제도 새로운 갈등 거리로 떠올랐다. 주지하다시피 현재의 남북한은 1953년 7월 27일 체결된 정전협정으로 휴전 상태다. 종전선언은 아직 전쟁 상태인 전쟁 당사자가 전쟁을 종료시켜 상호 적대 관계를 완전히 청산하자는 선언이다. 당연히 전쟁이 완전히 종식된다는 점에서 남북 상호 간의 불신과 불안을 제거하고, 70년에 걸친 휴전 상태를 완전히 끝내자는 점에서 의미 있고 환영할만한 일임이 분명하다. 문제는 한국전쟁 관련 당사국들의 종전선언 대한 이해가 동상이몽이라는데 있다. 한국 정부는 종전선언이 정치적 선언에 불과하며, 북한 비핵화의 마중물 역할을 할 수 있다면서 기회가 있을 때마다 국제무대에서 그 필요성을 역설하면서 주한 미군 철수나 유엔사 해체 등과는 연계가 안 된다면서 미국을 설득하고 있다. 한국 정부는 종전선언을 북한을 다시 대화의 장으로 이끄는 마중물로 역설하면서 적어도 한반도 평화 프로세스 진행의 복원을 시도하는 것으로 보인다.

사실 미국 바이든 행정부도 남북 정상 간 판문점 선언에 명시돼있는 종전선언을 인정한 바 있다. 싱가포르에서 열린 트럼프-김정은 간의 북미 정상회에서 한미연합 훈련 중단과 종전선언을 통한 새로운 북미 관계 구축에 대한 논의가 있었음은 익히 알려진 사실이다. 그러나 북한이 미국의 대북 적대시 정책 철폐와 이중 잣대 철폐의 증거로 한미 연합훈련 중단, 민생 관련 제재 해제 및 광물 수출·석유 수입 허용 등 조건을 달고 나오자 미국은 북한을 못 믿겠다며 종전선언에 난색을 표하고 있다. 미국은 청와대가 종전선언에 대한 한미 간의 의견이 상당한 접근했다는 발표를 하자 설리번 백악관 국가안보보좌관이 종전선언의 순서·시기·조건에 한국과 이견이 있음을 밝히고 나섰다. 주한 미군 철수나 유엔사 해체 등과 관계없다는 한국의 주장에는 동의할 수 있지만, 북한을 협상테이블에 앉히고자 하는 비핵화의 입구론이라면 동의하기 어렵다는 입장이다. 미국은 당연히 북한의 비핵화 조치가 선행돼야 하며, 종전선언은 비핵화의 마중물이 아니라 비핵화 협상의 최종 결과물이어야 한다면서 전제 조건(precondition) 없는 대화 재개 입장을 고수하고 있다. 자칫 제재 완화 등이 핵심 문제로 떠오르면 비핵화는 주변화될 수밖에 없기 때문이다.

이러한 미국을 앞에 두고 북한은 더 소극적이다. 북미 간 하노이 회담 결렬의 트라우마가 있는 북한은 자신들이 내건 전제 조건이 받아들여지지 않은 종전선언은 무의미하다며 시큰둥하다. 게다가 현 한국 정부 임기가 얼마 남지 않은 상황에서 한국의 중재를 기대할 수 없고, 설사 한국의 의도대로 종전선언이 이루어지더라도 본격적으로 전개될 비핵화 협상에 자신이 없기 때문이다. 또 중국도 적극적일 수가 없는 상황이다. 중국은 주한 미군이나 유엔사의 존재를 대중 견제와 압박 수단으로 보고 있기 때문에 종전선언에 따라 눈엣가시인 주한 미군과 유엔사의 철수를 주장할 수 있다. 그러나 미국의 종전선언 추진에는 의회 동의가 필요하며 유엔사 문제는 유엔 안보리 결정 사항으로 미뤄질 수 있음을 잘 알고 있다. 중국은 이러한 인식을 반영

하듯 2021년 11월 2일 톈진(天津)에서 열린 서훈-양제츠 간의 한중 고위급 회담에서 중국이 종전선언 추진을 지지했다는 청와대의 발표를 비웃듯 중국 외교부 홈페이지에는 종전선언이라는 말 자체가 언급되지 않았다. 정전협정 당사자인 중국이 포함되는 종전선언의 추진이 중요하다는 것이지 종전선언 자체에 대해서는 그 가능성을 높게 보지 않고 있기 때문이다.

05

한·중 관계, 무엇을 할 것인가?

현안에 대한 이해

한·중 관계는 기본적으로 양자 관계 이외에 적어도 한미 관계, 미·중 관계, 북·중 관계와 남·북한 관계가 복잡하게 얽혀있는 다층 구조다. 이는 향후 한·중 관계에 대해 보다 근본적이고 세밀한 전략적 인식과 대책을 요구한다. 물론 한·중 관계와 한국의 전략적 가치 상승에 관해서 긍정적인 측면도 있다. 현재 미·중은 기술 패권 경쟁을 벌이는 동시에 한국에 기술동맹 러브콜을 보내는 중이다. 중국 측은 한국과 구체적인 기술협력의 중요성을 강조하고 있고, 미국은 한국을 반도체 동맹의 핵심국으로 인정하면서 협력을 종용하는 중이다. 이는 미·중 경쟁을 과도한 이분법으로 재단할 필요가 없는 이유이기도 하다.

역시 중요한 것은 양자 관계의 새로운 설정이 필요하다는 것이다. 한국은 기본적으로 노골적 반중(反中)

전선에 있지 않은 세계 10위의 경제·문화 강국이다. 유구한 문화 전통을 공유하고 한반도 평화를 추구하는 한국에 대한 존중이 양국 관계 미래 30년의 시금석이 될 길을 찾아야 하는 절체절명의 시기에 와 있는 것이다. 다시 한번 강조하지만 전통에서 현대로 이행하는 과정에서 우리가 맞닥뜨린 중국이 '사회주의 중국'임을 잊어서는 안된다. 게다가 미·중은 갈등을 규범적으로 관리 할 수 있는 새로운 제도 창출에 실패했고, 미국은 미국대로 중국에 대한 압박을 어느 정도까지 지속할 것인지, 중국은 계속 피동적 대응을 통해 일단 양국 관계의 안정 도모에 초점을 맞출 것인지 전략적 고민에 빠져 있음에도 유의해야 한다. 미국은 중국을 도전자의 반열에서 탈락시키는 전략을 계속 추진할 것이고 중국은 전혀 물러설 뜻이 없어 미중 갈등의 장기화는 불가피한 상황이다.

아래의 <표8>은 한중 양국이 각별히 유의해 갈등을 관리해야 하는 현안들이다.

<표8> 한중 관계의 현안들

사안	중국의 입장	한국의 입장	비고
정치 외교	한국의 대미 경사 저지에 초점. 북한과 공조. 비핵화 주변화.	미중 관계에서 전략적 모호성. 한반도 평화프로세스 구축 모멘텀 유지에 초점	한국, 저자세 외교논쟁/ 중국, 강압 외교 지속
역사 · 문화 논쟁	항미원조·김치·한복 등에 대해 정부와 무관한 일반 네티즌들의 의견임을 강조	중국의 원초적 역사 인식 및 애국주의	선전전- 여론전 패턴화, 경제력 무기화
국민 감정 악화	국제 사회 및 한국언론의 보도에 문제.	중국의 역사 문화 왜곡 심화 중국 정부 묵인하에 진행	양자 갈등의 경우 선명대응 필요
경제력 무기화	중국 정부의 인위적 조치 아님.	공급 대란 가능성 우려	한국, 모니터링 시스템 체계화 필요
대만 해협의 평화 안정	대만은 중국 영통의 일부분. 대만 문제언급은 내정 간섭	해당 지역의 평화와 안정 언급은 일반적 언급	미중 갈등 핵심 요소
종전 선언	중국은 6.25 정전협정 당사자 종전선언 참여가 정상	비핵화 입구론으로서 종전선언 남·북·미·중이 추진	종전선언에 대해 서로 다른 인식 견지

가장 큰 외부적 요인은 역시 미·중 갈등의 지속이다. 미·중 관계의 여파는 우리에게 상당한 영향을 미칠 수밖에 없다. 2021년 11월에 열린 양국의 첫 번째 화상 정상회담에서도 양국은 서로의 주장을 확인하는 평행선을 달렸다. 바이든 대통령은 양국 갈등이 충돌로

번지는 걸 막기 위해 이 회의를 열었다면서 우호적으로 시작했으나 기존 현안 문제에 대한 미국 측 입장을 숨기지 않았고, 중국의 시진핑 주석 역시 중국과 미국은 세계 양대 경제체이자 유엔 안전보장이사회 상임이사국이며 소통과 협력을 강화해야 자국의 일을 잘 처리할 뿐 아니라 국제적 책임도 다할 수 있다면서 협력을 강조하면서도 기존의 대미 입장을 그대로 주장했다. 특히 대만 문제에 대해서는 극명한 입장 차를 드러냈다.

미·중 충돌의 근본적 동인은 미래 국제질서와 패권 확보에 있다. 양국의 긴장과 갈등은 경제적 현실도 중요하지만 상호 신뢰가 파괴된 상황에서 서로 다른 이념이 이끄는 냉전으로 비화하는 형국이다. 여기에 양자 관계에서 돌발 변수로 계속 나타나는 역사·문화 문제와 이에 따른 양국 국민감정의 악화는 양국 관계의 새로운 설정을 요구하는 중이다.

한·중 관계, 인식의 전환을 위하여

이러한 상황에서 한·중 관계의 미래도 낙관을 불허한다. 이미 다자적 성격을 지닌 북한 문제나 북핵 문제는 어렵게 마련한 남북 간 대화 분위기를 유지하면서 국제 공조를 통한 해결로 방향을 잡더라도, 양국 간에는 해양경계획정과 관련된 한국의 방공식별구역(KDIZ) 침범이나 이어도 문제 등 직접적이고 현실적인 갈등 요소가 도사리고 있다. 사실 호혜적이고 기술적인 것 외에는 정치적 편의에 따라 효용성이 바뀌는 것은 국제 협상에서 종종 일어나는 일이다. 하지만 대중 경제의존도나 북한 문제에 대한 중국의 역할 등에 대한 정치적 고려로 잘못된 협상을 해서는 안된다. 과거의 사례와 경험을 바탕으로 철저하게 준비하고 협상을 해야 한다.

이제 양국 관계는 보다 성숙하고 미래 지향적 발전을 위한 새로운 접근이 필요하다. 경제는 시장에 맡기면서 국제 전략 관계 등의 거대 담론보다는 양국 관계의 실질적 신뢰 구축에 필요한 문제들을 논의해야 한다. 양자 관계에서 문제가 생기는 것은 불가피한 일이다. 양국 관계를 반추해보면 양국이 봉착한 최대의 난제는 문제의 발생에 있는 것이 아니라 문제가 생겼을 때 이를 해결할 수 있는 기제가 없다는 것이다.

우선, 상대적으로 수세에 있는 한국의 입장에서 견지해야 할 것이 있다. 우리는 사드 갈등으로 중국의 '민낯', '이중성', '표리부동' 등을 목도했다. 미국과는 안보, 중국과는 경제 관계라는 공식도 깨졌고, 일방적인 '보복'의 여파도 실감하였다. 우리의 대응은 '무 대응' 혹은 소극적이었다. 일견 사태 악화 방지를 위한 '현명한' 처사라고도 볼 수 있으나 미래에 발생할 수 있는 유사 사태에 대한 어떤 예방책도 세우지 못했다. 교훈을 얻으려면 이러한 과정을 재검토하면서 적어도 정부 차원에서 실행 가능한 대응책을 마련하고 국민들의 합의를 배경 삼아 정책을 추진하는 결기가 필요하다.

둘째, 사안별 대응이 필요하다는 점이다. 한·중 간에는 이미 수많은 협정이 체결돼있다. 주관부서는 협정대로 문제 해결을 진행해야 한다. 상호 규정에 따라 각을 세울 때는 세워야하며, 아닌 건 아니라고 말할 수 있는 용기가 필요하다. '중요한 경제파트너라든지 북한 문제에 대한 조력자로서의 중국'을 지나치게 고려한다면 협상의 주도권을 쥘 수 없다. 해당 부처나 당사자들은 원칙에 바탕을 둔 강력한 의견을 제시하고, 외교적 방식으로 접근할 필요가 있다. 어떤 때는 중국의 입장을 이해하려고 노력하기보다는 그 상태로 인식하는 편이 좋을 수도 있다. 우리의 일관되고 분명한 입장은 항상 원칙적으로 견지돼야 한다.

셋째, 중국의 힘자랑에 너무 끌려가지 않아야 한다. 중국이 비공식적이나 치밀한 '경제 보복' 조치를 전가의 보도처럼 휘두른다. 중국의 경제적 '강압'(coercion)은 전례가 많다. 각기 다른 이유에서 일본, 베트남, 필리핀, 몽골 등에도 경제 보복을 했고, 유럽의 프랑스, 노르웨이도 대상국이었다. 대만의 경우는 아예 구조적으로 중국의 그림자 속에 있기도 하다. 역사적·경험적으로 제한받지 않은 일방적 정책 팽창은 없다. '전략의 논리'(logic of strategy)차원에서 보더라도 주변국들이나 국제적인 반중(反中) 연대는 중국에게도 부담이 된다. 일부 국제사회가 관심을 갖는 주제는 쌍무적 해결보다는 국제 여론화하는 작업도 필요하다.

또, 북핵 문제나 북한과 관련해서는 일정한 자기 안보 역량을 갖추는 것이 대중 관계 설정이나 협상에 유리하다. 한국은 주변국의 침략을 억제하고, 유사시 이를 효과적으로 격퇴할 수 있는 군사안보적 전력이 필요하다. 제한적 억지력 혹은 '적극 방어력'을 확보해 한국의 안보는 스스로 책임질 수 있다는 메시지를 중국에줄 수 있어야 한다. 이는 북한의 위협 상쇄보다는 중장기적으로 주변 안보환경의 변화에 따른 전략 및 전력의 조정 차원에서도 필요한 것이다.

전망

한중 관계의 최대 난제는 문제의 발생에 있는 것이 아니라 문제가 생겼을 때 이를 해결할 수 있는 기제가 역할을 발휘하고 있지 못하다는 점이다. 이 사이 정치·외교적 문제가 전방위적으로 확산되면서 민간이나 정치외교적인 분야까지 영향을 미쳐 갈등이 확대 재생산되고 있는 현실이 이를 잘 대변해 준다. 한국의 부정적 대중 인식이 고착되고 있으며, 중국도 한국이 중국에 협조하지 않는 나라라는 이미지를 부각시켜 민간에 애국주의를 투영하면서 갈등이 확대되고 있음도 사실이다.

양국 정부가 강조하듯이 서로가 중요한 국가라면 정부든 민간이든 양국의 현상과 현실을 직시하고 한·중 간 마찰과 갈등은 최소화하고 상호이익은 극대화하는 실질적인 노력을 해야 한다. 이제 시대적 변화에 따라 외교의 영역도 다원화·확대되고 있다. 21세기의 주요 외교력은 문화외교(Cultural Diplomacy)에 의해 결정되고 있다. 전통적인 하드 파워(Hard Power) 중심의 정무와 경제외교만으로는 더 이상 일국의 외교력을 극대화할 수 없기 때문이다. 조지프 나이(J. Nye)는 문화와 가치 및 제도 그리고 인적자산 등을 기반으로 '강제나 보상'보다 '사람의 마음을 사로잡아' 원하는 것을 얻어내는 능력으로 소프트 파워(Soft Power)를 정의한 바 있다. 한 중 양국의 제도적 가치는 다르지만 양국 국민 사이의 문화 교류와 소통 확대를 통한 이해 증진, 우호적 정서 확립이 무엇보다 중요하다.

특히 양국 정부는 역사 문화의 정치화 방지와 불필요한 오해와 불신, 갈등을 치유할 수 있는 소통관리 시스템 구축에 노력해야 한다. 한국 정부도 정치적 실적을 염두에 둔 자기 희망적인 대중 관계를 지양해야 하지만, 중국 지도부도 지나치게 자의적인 역사 인식과 애국주의 역사 교육과 일방적 중국 입장 강조는 미래 지향적이지 않음을 알아야 한다. 중국은 북미 핵 협상 결렬과 남북 불통 국면의 틈을 이용해 한·미·일 삼각 안보 구도의 가장 약한 고리인 한국 공략에 적극 나서고 있다. 일견 한국의 전략적 가치가 확대된 상황으로 인식되지만 중국은 한반도 남북한에 영향력을 유지하면서 한·미 공조가 강화되기 전에 한국의 대미 경사를 저지해보려는 이중전술로 한국을 활용하고 있는 것이다.

한·중 관계가 중요함은 더 강조할 필요도 없다. 그러나 이제 '정상 궤도'가 무엇인지를 찾아야 할 때다. 피차 상호 중요성을 인정하는데 외부적 요인으로 양국이 갈등을 지속하는 것은 잘못된 일이다. 한 번에 모든 문제를 해결할 수는 없지만 한국은 중국의 자의적 우려를 '합리적 우려'로 바꿀 수 있도록 소통해야 하며, 우리 스스로는 중국에 대한 막연한 기대를 '합리적 기대'로 바꾸는 질적 변화를 도모해야 한다. 그래서 양국의 상대방에 대한 진솔한 접근이 최우선이다.